戦後民主化と教育運動

憲法と教育基本法が生まれた頃

大瀧　一
Otaki Hajime

海鳥社

挿画　大瀧道子

はじめに

二〇〇二年五月に、故諫山博先生（弁護士・福岡第一法律事務所所長）はじめ多くの先達や知人・友人に励まされ、『福岡における労農運動の軌跡 戦前編』を地元福岡の出版社・海鳥社から公にして、早くも五年経ちました。その時、冒頭に書いた「はじめに」の末尾に、私はその本を公刊するに至った事情の一つに次のことを付け加えました。

「もう一つは、憲法第九条と基本的人権に関わる憲法問題です。国会に設けられた憲法調査会で、憲法を変えようという論拠の一つに、現行の日本国憲法は、日本の敗戦によってアメリカ占領軍（ＧＨＱ）から押しつけられた憲法だから、日本の伝統を尊重した自主憲法に変えるべきだ、という強い意見があります。これは、天皇主権の軍国主義日本が、国民主権の民主主義を基調とする連合国に敗れたという事実に目をつぶるだけでなく、戦前・戦中の日本民衆が、人権抑圧と弾圧の嵐の中で、反戦・平和・民主主義のためにたたかった事実を知らない、知ろうとしないことから言えることでしょう。

福岡の労働者・農民をはじめとする民衆の運動は、平和と民主主義を愛する諸国民と連帯しながら不屈にたたかわれたことを教えています。日本国憲法の平和的条項や基本的人権をはじめとする民主的規定は、戦前から日本国民が希求し、そのためにたたかい、戦後憲法に結実したものです」

私の前著書はこうした立場で書き記したものです。

ところが、二一世紀の今日、ついに政権を担う自民党は、昨年(二〇〇五年)一一月二二日の結党五〇年記念の党大会を期して「新憲法草案」を決定し公表しました。ついで、二〇〇六年四月二八日、「教育基本法案」(以下、政府案)を閣議決定して国会に上程し、五月に入ると、国会に特別委員会を設けて審議を強行しましたが、会期切れで継続審議になりました。

この政府案の上程の趣旨について、文部科学省は「現行の教育基本法については、昭和二二年の制定以来、半世紀以上が経過しております。この間、科学技術の進歩、情報化、国際化、少子高齢化など、我が国の教育をめぐる状況は大きく変化するとともに、さまざまな課題が生じており、教育の根本にさかのぼった改革が求められております」という説明をしていますが、最近の社会状況の変化が、なぜ教育基本法改定の必要性と関係があるのかの説明には全くなっていません。

政府与党の本音は、五月一六日の衆議院本会議の下村博文議員(現・安倍内閣の官房副長官)の質問意見(本書一六〇ページ)で明らかです。要するに自民党をはじめとする改憲派の出発点は、戦後日本の民主的改革、その基礎になった憲法・教育基本法の制定は、敗戦後のアメリカ占領軍のもとでGHQによって押しつけられたものであるから、制定から六〇年も経った今日こそ、日本人による新しい時代にふさわしい「自主憲法」を制定すべきであるというのです。

こうした「戦後改革押しつけ論」の背景には、「さきの戦争」は植民地支配や侵略のための戦争ではなく、欧米帝国主義の侵略からアジアを解放するための戦争であり、大東亜建設のための聖戦であったという歴史観が強固に横たわっているのです。

本書ではまず、こうした歴史観の誤りを、敗戦前後の天皇側近を含む旧支配層の「国体護持」策動を対極に、同時期、労働者をはじめとする自覚的民主勢力によって、日本の民主化に手がつけられたことを明らかにしました。

次に、戦後改革の要になった憲法・教育基本法の成立過程を史実に沿って述べる必要があると思いました。そこでは、一九五五年の保守合同によって成立した自民党が自ら言うように、今日に至る五〇年間言い続けてきた「憲法・教育基本法『改正』」の動きに抗してたたかい続け、子どもと民主教育を守り育てきた自覚的教師集団と、子どもの幸せを願う親や民主団体の運動の一端を記しました。

教育基本法がなかった時代、明治・大正・昭和（一九四七年三月まで）の戦前・戦中期、日本の子どもたちはどのように教育されてきたのでしょうか。いつの時代も、子どもたちは国家目的（領土拡大・侵略戦争）のために奉仕させられ、そのために教育されてきたのではないでしょうか。

私は一〇〇年前の女流詩人・与謝野晶子の詩を思い出します。

ああおとうとよ　君を泣く
君死にたもうことなかれ
末に生まれし君なれば
親のなさけはまさりしも
親は刃《やいば》をにぎらせて
人を殺せとおしえしや
人を殺して死ねよとて
二十四までをそだてしや

国家が、憲法（九条）・教育基本法を改悪して、子どもたちに「人を殺して死ね」と教えても、日本の親は決してそれに賛同しないでしょう。平和を守り、子どもたちを護る運動は、これからが正念場です。私はそうした運動に参加する気持ちを込めて本書を公刊しました。

今、国会で論議されている教育基本法の政府案を見れば、本書が日米同盟を基軸とする「安保体制下の教育闘争」で扱った、勤評反対闘争や学テ反対闘争の勝利の経験からも、さまざまな教訓を引き出すことができるのではないでしょうか。

なお、「第三章　日本国憲法と教育基本法の制定」のうち「下からの改革と教育基本法」と「下からの教育改革を支えた主体の形成」については、「福岡教育問題月報」二〇八号（二〇〇五年三月）所収の拙論「下からの教育改革を支えた主体の形成」に修正・加筆したものであることをお断りしておきます。

このような著書の出版を快く引き受けて下さったうえ、校正から資料照合など細かく気を配っていただいた海鳥社の皆さんに厚くお礼を申し上げます。

二〇〇六年一〇月二〇日

大瀧　一

戦後民主化と教育運動◉目次

はじめに　3

第一章　敗戦と治安維持法の廃止

第二章　戦後労農運動の再建と組織化

第三章　日本国憲法と教育基本法の制定

第四章　「教え子を再び戦場に送らない」教職員の運動

第五章　安保体制下の教育闘争

第六章　民間教育運動の展開

＊新聞や雑誌、単行本からの引用にあたっては、原則として常用漢字に改めた。原文を途中省略したり、注記を加える場合には〔 〕を付した。

●第一章●

敗戦と治安維持法の廃止

ポツダム宣言受諾と「国体護持」

一九四五年八月一四日、日本は七月二六日に米・英・中三国（後にソ連参加）によって発表されたポツダム宣言を受諾するというかたちで連合国に降伏した。

ポツダム宣言は戦争終結の条件として、①日本国国民を欺瞞して世界征服の挙に出る誤りを犯させた者の権力及び勢力（軍国主義）の除去、②日本の新秩序が建設され、戦争遂行能力が破砕されるまで連合国による日本占領、③日本国の主権（領土）の限定、④日本国軍隊の完全な武装解除、⑤戦争犯罪人の厳重な処罰と国民の民主主義的傾向の復活強化、さらに言論・宗教・思想の自由及び基本的人権尊重の確立、⑥再軍備が可能な産業以外の経済・産業・貿易は許可、⑦平和的で責任ある政府が樹立されれば占領軍は撤収、⑦全日本国軍の無条件降伏、の七項目を提示し、「右以外の日本国の選択は、迅速且完全なる壊滅あるのみとす」と宣言した。

右の条件の中でも、特に⑤の後半部分については、「日本国政府は、日本国国民の間に於ける民主主義的傾向の復活強化に対する一切の障礙《しょうがい》を除去すべし。言論、宗教及思想の自由並に基本的人権の尊重は、確立せらるべし」と日本の民主主義復活強化を日本政府の責務として明確にしている。

この宣言に接した日本政府（鈴木貫太郎内閣）は、七月三〇日の新聞に鈴木首相の談話を発表し、共同声明（ポツダム宣言）は「何ら重大な価値ありとは考えない。ただ黙殺するだけである。われわれは戦争完遂するのみ」と国民に訴えたが、一方ではまだ参戦していないソ連に仲介を頼んで、より有利な条件で和平の道を探ろうとしていた。

しかし、既に一九四五年二月の英・米・ソ三国首脳会談（ヤルタ会談）で、ドイツ降伏後二ないし三カ月後にソ連の対日参戦の密約を取り付けていたアメリカは、ソ連の対日参戦以前に日本を降伏させ、世界大戦後の国際政治の上で、極東におけるアメリカの主導権を確保しようとして、日本政府のポツダム宣言黙殺談話を日本の降伏拒否と受け取り、かねてから狙っていた原子爆弾の使用に踏み切る口実とした。

八月六日午前八時一五分、広島市の上空で人類史上初めて原子爆弾が炸裂し、一瞬のうちに一〇万人以上の人々の命がこの地上から消えた。その後の犠牲者を加えると二七万人(1)に達する。

翌八月七日朝（日本時間、アメリカでは六日）、トルーマン・アメリカ大統領はラジオで次のような声明を発表した。

十六時間前、米軍航空機は、日本の重要軍事基地広島に爆弾一発を投下した。〔略。引用者、以下同じ〕これは原子爆弾である。〔略〕われわれは今や、日本国内のどんな都市の機能でも、さらにあますところなく迅速かつ完全に抹殺する準備を整えつつある。われわれは日本中のドックといわず工場といわず、交通網といわず吹きとばすだろうし、疑いもなく日本の戦争遂行能力を根こそぎ粉砕するだろう。七月二六日に最後通告がポツダムで発出されたのは、日本国民を完全な潰滅から救わんとするものだった。しかるに日本の指導者はただちにこの最後通告を拒否した。もし彼らがわが方の条件を今にして受諾しなければ、この地上でこれまでに決して見たことのなかったような、恐るべき荒廃と破壊の雨が空から降って来ることを覚悟すべきである(2)。

日本政府はこの期に及んでもなおソ連を仲介とした戦争終結に固執し、「国体護持」のための終戦を模索していた。しかし、ソ連はヤルタの密約通り八日夜、在モスクワの日本大使に対日宣戦の声明を手渡し、九日午前零時、ソ・満国境を越えて侵攻してきた。この対日宣戦布告には次のことが明記されていた。

三国すなわちアメリカ合衆国、イギリスおよび中国の日本軍隊の無条件降伏に関する本年七月二十六日の要求は、日本により拒否せられたり。よって極東戦争に関する日本政府のソ連邦にたいする調停方の提案は全くその基礎を失いたり。〔略〕ソ連邦政府はその連合国にたいする義務に遵い、連合国の右提案〔対日戦参加〕を受諾し、本年七月二十六日の連合国宣言に参加せり。ソ連邦政府はかかる同政府の政策が、平和を促進し各国民をこれ以上の犠牲と苦難より救い、日本人をしてドイツがその無条件降伏拒否後嘗めたる危険を回避せしめ得る唯一の手段なりと思考す。以上の見地よりソ連邦政府は明日すなわち八月九日より同政府は日本政府と戦争状態にあるべき旨宣言す。(3)

この日午前一一時二分、長崎に二発目の原子爆弾が投下され、瞬時にして七万人を超える市民が犠牲になった。九日午前四時、ラジオ放送でソ連の対日宣戦布告を傍受した日本政府首脳が、一〇時半から最高戦争指導会議を開いていた最中であった。

「ソ連邦の参戦という事態は、戦争指導の首脳部の態度を、決定的に変化させていた。戦争継続か和平交渉かということはすでに問題でなく、ポツダム宣言を受諾するについて、条件をつけるかつけないか、つけるとすればどのような条件かが問題となった(4)」

条件については、「国体護持」だけを受諾の条件とする意見と、それに加えて、戦犯の処罰を日本が行う、武装解除も日本が自主的に行う、日本全土の占領を避ける、という条件も付するべきである、という意見が対立した。

「国体護持」一条件で行くか、四条件で行くか、最高戦争指導会議でも閣議でも結論が出ないまま、翌朝二時半、天皇臨席の最高戦争指導会議で「国体護持」の一条件を付けてポツダム宣言を受諾することになり、アメリカ政府の回答を待つことになったのである。

当時の天皇も含めた日本政府の首脳部にとっては、原爆で三〇万の日本国民が殺された被害よりも、「国体護持」＝「天皇の国法上の地位」が維持できるかどうかが最大の課題であったのである。

「国体護持」を条件にポツダム宣言を受諾するという日本政府の通告に対するアメリカ政府の回答は、八月一二日零時過ぎ、ラジオを通じて日本政府に届けられた。アメリカ政府の回答では、天皇の地位について「降伏の時より　天皇及び日本国政府の国家統治の権限は降伏条項の実施の為その必要と認むる措置を執る連合国最高司令官の制限の下に置かるるものとす」[5]と、降伏後も連合軍最高司令官のもとで天皇の存在を認めるものであったが、日本政府部内ではなお、「国体護持」を明確にするよう再度アメリカ政府に照会すべきである、という阿南陸相や平沼枢密院議長の意見によって、最終決定は一四日の夜、天皇の「聖断」が下るまで持ち越された。

「いったん原爆の投下とソ連の参戦とによって降伏の態度をきめながらも、約一週間にわたって最高戦争指導会議も閣議も対立紛糾をくりかえしたのは、戦争継続の可否、それによる国民の運命如何《いかん》などという論点ではなかった。天皇の地位の確保、支配体制の温存という一点のみが論議の対象となった」(6)のである。

こうして、「国体護持」を唯一の条件として日本はポツダム宣言を受諾し、同夜録音された天皇の「終戦の詔書」は、八月一五日正午、天皇の声でラジオを通して国民に知らされた。詔書の中で天皇は次のように述べている。

「朕ハ茲ニ国体ヲ護持シ得テ忠良ナル爾臣民ノ赤誠ニ信倚シ常ニ爾臣民ト共ニ在リ」

また、同日発せられた内閣告諭も「今や国民の斉しく嚮ふべき所は国体の護持にあり〔略〕、政府は国民と共に承詔必謹刻苦奮励常に大御心に帰一し奉り、必ず国威を恢弘し父祖の遺託に応へむことを期す」と述べた。

一五日に総辞職をした鈴木内閣に代わって、一七日、東久邇宮内閣が成立した。この皇族内閣は八月二八日の最初の記者会見で、首相自らが語ったように「国体護持」のための内閣であった。

記者会見の内容を新聞(八月三〇日付「朝日新聞」)は次のように報じた。

首相宮殿下談話の主要点は大体次の如くである

一、国体護持は皇国最後の一線であるが現在において国体を護持する最上の道は聯合国側との全面的協調にあり、聯合国側の提案を確実に履行することにある

一、真の国内団結を完成するにはまづ国民に敗戦の真相と理由とを十分に知らせねばならぬ〔略〕

一、国民生活確保については

（イ）食料対策〔略〕（ロ）復員問題〔略〕（ハ）インフレ対策〔略〕（ニ）国民生活の明朗化〔略〕

一、言論結社は自由にする、近く総選挙を行つて正しい民意の反映を見るやうにする、憲兵の〔ママ〕政治警察は全廃した、特高警察の徹底的是正も内務当局に下命する

一、今後我民族は共存共栄を旨として世界と共に大和繁栄の道を進みたい、唯我独尊は我等のとるべき途ではない

さらに、記者団との一問一答の中では、

「国体護持といふことは理屈や感情を超越した固いわれわれの信仰である。祖先伝来我々の血液の中に流れてゐる一種の信仰である。四辺から来る状況や風潮によつて決して動くもので

はないと信ずる」

「この際私は軍官民、国民全体が徹底的に反省し懺悔しなければならぬと思ふ。全国民総懺悔をすることがわが国再建の第一歩であり、わが国内団結の第一歩と信ずる」

とまで述べた。所謂「一億総懺悔」論である。ここではついに、「世界征服」のための侵略戦争・無責任な軍国主義に対する反省も、政府の行為によって国民を塗炭の苦しみに陥れた謝罪も聞かれなかったのである。

敗戦と天皇制護持の治安対策

敗戦によって生まれた東久邇宮内閣は、ポツダム宣言の誠実な履行を国際的に義務づけられた戦後処理内閣であったが、「国体護持」を内閣の基本方針として組織された内閣であったが故に、日本の民主化を要求するポツダム宣言の完全実施には消極的にならざるを得なかった。とりわけ「国体護持＝天皇制維持」のためには、天皇の戦争責任を論じ、「革命＝君主制の廃止」を主張する左翼的言動を封じることが不可欠であった。

このことは、国民には極秘にポツダム宣言受諾の条件を模索している時から、政府部内、特に内務省を中心とする治安関係機関では終戦処理と同時に対処しなければならない課題であった。

八月六日に原爆が投下され、九日にソ連の対日参戦が明らかになると、一〇日には各府県警察部長宛に治安確保のための通牒が送られた。対象になった視察内定者には、右翼尖鋭分子、反戦和平分子、左翼、朝鮮人並びに華人労務者、宗教関係者があげられていた。さらに、敗戦を見越して戦争責任者に対する非難や軍官民離間のおそれある言動を抑圧することなどを指示した。

このような治安対策は一四日のポツダム宣言受諾に向けて、一層強化されていったことは言うまでもない。

「一四日には各府県知事宛にポツダム宣言受諾を通知し、引つづき保安課長名による通牒『治安維持ニ関スル件』を発した。先の一〇日付通牒の内容を一歩進めてより厳重な視察内偵を求め、〔略〕予防検束の最終的な準備も指示されている[7]」

福岡県でもこの通牒を受けて「県下各警察署長は、その日警察部長室へ集合を命ぜられた」と記述する福岡県警察本部発行の『福岡県警察史　昭和前編』（一九五五年）は、次のようにも書いている（同書、四九〇ページ）。

警察には終戦という感傷に浸っている余裕はなかった。八月十五日を境にして警察は一八〇度の転換を図らなければならなかった。警察の仕事は戦時中の書類の焼却から始まった。燃えあがる炎は過去との訣別であった。〔略〕すでに警察は明日への対策に全力をあげての活動を開始した。警察練習所では八月十五日の朝食後練習生の卒業式を一か月くりあげて行い第一線警察署に配置した。

そして日本の降伏によって軍隊（憲兵）が完全に武装解除されると、治安対策の責任は警察・特高（特別高等警察）の肩にかかるようになる。東久邇首相が「特高警察の徹底是正」と言ったのもこうした事態を念頭に置いてのことであろう。こうして国体護持のために、戦後も治安維持法のもとで特高警察がそのまま温存されたのである。

東久邇内閣の内務大臣に座った山崎巌（東条内閣内務次官）は九月二九日の記者会見で、「国家の秩序維持と社会の安寧を図るといふ警察の指導理念は新時代でも別に変りはない」と言い、さらに一〇月三日には、ロイター通信の特派員に「思想取締の秘密警察は現在なほ活動を続けてをり、反皇室的宣伝を行ふ共産主義者は容赦なく逮捕する、また政府転覆を企む者の逮捕も続ける[8]」と語ったという。

したがって国体護持のために汲々とした支配層は、ポツダム宣言が第一〇条で「日本国政府は、日本国国民の間に於ける民主主義的傾向の復活強化に対する一切の障礙を除去すべし。言論、宗教及思想の自由並に基本的人権の尊重は、確立せらるべし」と明記してあるにもかかわらず、こうしたことには何らの政策・方針を示さず、むしろ、軍隊・憲兵の解体に代わって警察力の整備拡充と並行して特高警察体制の拡充が図られたのである。

その具体的運用の模様は各府県知事からの報告にも見られる。福岡県知事からは次のような報告が、八月二八日付で内務大臣山崎巌宛に送られている。(9)

左翼分子ノ特異動向ニ関スル件

戦争終結後ニ於ケル管内左翼分子ノ動向ハ、既報ノ如ク表面ハ迎合的意嚮ヲ表明セル等概ネ静観的態度ヲ持シ居レルガ

管下　宗像郡津屋崎町居住

石炭統制会九州支部勤労課長

共甲　吉田法晴

右ハ終戦ノ御詔勅渙発十五日ヨリ二十日頃迄ノ間ニ於テ『戦後ノ政治情報蒐集並炭山ノ現況調査』テフ名目ノ下ニ在福中ノ

産業報国会九州地方部長　三輪寿壮

ヲ初メ

九州帝大法文学部教授　　波多野鼎
同　　　　　　　　　　　大沢　章
其ノ他筑豊炭山及福岡市在住同友ヲ歴訪シタル形跡アリテ、就中三輪寿壮、波多野教授ノ教示等ニ基キ連合軍進駐テフ現実的情勢ニ順応シ、現職ヲ放棄シ三輪寿壮ノ領導下ニ社会民主主義的政党結成ヲ企図シツツアルモノノ如ク既ニ前歴者ヲ歴訪等、予備的行動ニ着手シアルヤニ看取セラルルガ、過去ニ於ケル本名ノ言動ヨリ勘案スルニ、例ヘ合法的社民系政党結成ノ可能且実現スルトシテモ、本名等ハ「マルクス主義」ニ立脚スル人民戦線的運動ヘ移行スル虞多分ニアリ、今後ノ具体的行動等厳密内偵中ナルガ、現在迄ニ於ケル本名ヲ中心トスル動向ノ概要左記ノ通有之、右及申報候也。〔略〕

もちろん、特高による視察・内偵・取締りの対象は「左翼分子」だけではなかった。徹底抗戦を叫ぶ国家主義運動や宗教関係の復権運動についても治安上注視の眼が注がれたが、内地朝鮮人の動向と敗戦のショックで動揺する一般民衆、とりわけ農民運動の動向に視察内偵の努力がなされた。

「戦争終結後に於ける農民の動向に関する件」と題する福岡県知事の内務大臣宛の報告で、九月一八日までの間の第二報、第三報に例示されている町村名だけでも、山門郡東山村、八女郡上広川村、築上郡下城井村、嘉穂郡稲築町、糟屋郡古賀町、三井郡三国村、三井郡大城村、山門郡城内村（外六カ村）、八女郡光友村、早良郡五カ村（脇山、入部、内野、金武、田隈）があり、その他田川郡田川署管内農民（農村）の記録が見られる[10]。

こうしたことから、戦争終結直後の二、三カ月は、戦前・戦中と変わらぬ特高警察による抑圧体制が続いたのである。ポツダム宣言の受諾によってその厳正な実施を義務づけられた日本政府は、「日本国国民を欺瞞し之をして世界征服の挙に出づるの過誤を犯さしめたる者の権力及勢力」をできるだけ温存し、日本国民に牙を剝いた弾圧機構を維持するために狂奔したと言ってもよいだろう。

「人権指令」に基づく日本の民主化

八月三〇日に連合国最高司令官マッカーサーが厚木に降り立ち、九月二日には日本全権重光葵らが降伏文書に調印したことによって、日本は連合国軍の管理下に置かれることになった。陸海軍は解体され、三九人の戦犯容疑者に逮捕命令が出された。

連合国軍最高司令部（ＧＨＱ）の民主化指令は、九月一〇日の「言論および新聞の自由に関する覚書」に始まり、一九日にはいわゆるプレス・コード（新聞規約）が発表され、新聞・言論・表現の自由に対する制限はＧＨＱによって一応撤廃されることになった。「一応」と書いたのは次のような理由からである。

東久邇内閣・山崎内務大臣の旧態依然とした治安対策方針については、既に触れた通りであるが、特に一〇月三日に岩田法務大臣が治安維持法撤廃問題に言及し、「撤廃は考慮していないが修正を加える必要がある」と発言したことに関連して、この会見の内容を報じた一〇月五日付の「西日本新聞」は、岩田法相発言の背景を明らかにした上で、次のような内容の記事を掲載した。

最近言論弾圧および人権蹂躙等と関連して三木清、戸坂潤等の獄死事件が伝へられ、戦時中の暗黒裁判や不法拘禁の諸事例とともに重大な社会問題を惹起し、これに関係をもつ治安維持法、治安警察法および警察即決令等の改廃が一層強く希望されるに至つたのであるが、就中思想取締法の中核をなす治安維持法は立法当時既に囂々たる与論の反対があり、その刑罰規定の苛烈さはイタリーの政治犯人に対する非常法（一九二六年）およびドイツの共和国保護法（一九二二九年）と並んで世界の三大弾圧法といはれてゐたものである。

岩田法相は更に同法改正問題の内容に触れて『日本国体を維持しつつ共産主義の主張の

一部を実現させることは可能と考へる。国体変更問題以外はたとへば私有財産制度の修正等に関する運動はこれを認めても差支へないと思ふ』旨共産主義運動の部分的認容方針も明かにしてをり、久しい間、鉄の重圧を民衆に加へてゐた治安維持法もその思想取締法規と共に改廃されることは今や必至の情勢となつた。

ここでも明らかなように、東久邇内閣は治安維持法第一条の「国体ヲ変革スルコトヲ目的トシテ結社ヲ組織シタル者又ハ結社ノ役員其ノ他指導者タル任務ニ従事シタル者」に対する取締り・科刑については撤廃するつもりは毛頭なかったのである。

実際にも、治安維持法違反で巣鴨拘置所に囚われ、死刑を求刑されていた熊本出身の西里竜夫は、その半生記『風雪のうた』（熊本民報社、一九七二年）に書いている。

八月二十三日、終戦から一週間たって判決が下された――〝終戦により死一等を減じて無期懲役に処す〟。私は、もうこの時には腹のなかでわらっていた。控訴したらという意見もあったが、私は「世の中は変る！」といって、控訴はしなかった。

私が熊本の刑務所に送られたのが九月十八日、そして釈放されたのが十月八日であった。

それればかりか裁判所は九月一九日、横浜事件[11]判決で有罪を言い渡し、同月二九日には中里とともに中国の地下反戦グループで活動した中西功にも無期懲役を宣告した。

一方獄中からは、徳田球一や志賀義雄など府中刑務所の共産党員たちが、岩田法務大臣に釈放要求書を提出したり（九月一二日）、三木清の獄死（九月二二日、豊多摩刑務所）が伝えられると、外国のジャーナリズムも含めて政治犯の釈放要求の声が高まってきたのである。

こうした「日本政府の民主化への〝頬被り〟と怠慢[12]」に対して、ついにＧＨＱは一〇月四日、「政治的、公民的〔民事的〕及宗教的自由制限の除去に関する覚書」（指令九三号、いわゆる「人権指令」）を発して、日本民主化について具体的な政策内容を指示した。この中では、天皇・皇室に関して自由に討議することを認め[13]、治安維持法を含む諸弾圧法規の廃止及び効力の停止、保護観察を含む政治犯の即時釈放、内務省警保局や特別高等警察などの弾圧機関の廃止と内務大臣をはじめとする関係機関の官吏の罷免などが列挙されていた。

「国体護持」を唯一の支えに天皇制の変革を拒否した東久邇内閣は、ここに至ってついに総辞職した。

「辞職の直接理由は、天皇にたいする自由な討議をゆるすことは、内閣として到底できないこと、指令をおこなえば国内の治安維持に責任がもてないこと、の二点にあった[14]」

治安維持法の廃止と政治犯の釈放

一〇月四日の「人権指令」は占領軍による至上命令であった。これに抗しきれずに東久邇内閣が総辞職したことは、敗戦後一貫して保守的支配層が追求してきた「国体護持」が危機に晒されたと受け止められた。そこで木戸内大臣らは、戦前親英米派として知られた七三歳の老外務官僚幣原喜重郎を首相に推薦し、吉田茂は引き続き外務大臣に留まった。

一〇月九日に成立した幣原内閣が「国体護持」のために打った最後の手は、翌一九四六年一月一日の天皇の「人間宣言」であった。この「詔勅案」を執筆したのは幣原喜重郎であるが[15]、これによってアメリカが認める天皇の存在が非科学的で神がかり的なものでないことを証明し、天皇制に批判的な国際世論をやわらげようとしたものである[16]。

幣原内閣成立直後の一一日、マッカーサーは首相に対し、「人権確保に関する五大改革」(婦人解放、労働組合の助長、教育の自由化・民主化、秘密弾圧機構の廃止、経済機構の民主化[17])を口頭で指令し、ここにGHQ主導で日本の民主的改革が推進されることになった。

一〇月九日には宮本顕治が網走刑務所を出獄、一〇日に徳田球一、志賀義雄、黒木重徳らの共産党幹部一二人が府中刑務所内の予防拘禁所[18]から釈放され、その日、東京田村町の飛行会館で解放運動犠牲者救援会主催による「自由戦士出獄歓迎人民大会」が二〇〇〇人の参加者で開催された。

福岡刑務所からも山中一郎（大分）、福岡醇次郎（長崎）らの政治犯が釈放された。

政治犯の釈放状況は、荻野富士夫著『特高警察体制史』（四三三ページ）によると、

一〇月一五日付のＧＨＱ宛報告段階では、「政治犯」三五三人と予防拘禁者一七人が釈放され、保護観察中の一八九六人が処分解除となり、同月二二日付の報告ではさらに「政治犯」八六人が釈放され、一三〇人が保護観察処分解除となった（司法省関係のみ）。しかし、刑法犯や経済犯を伴った「政治犯」三七人は釈放されず、その後ＧＨＱの慫慂により一三人が釈放された。[19]

この数字を見ただけでも、特高体制下の弾圧がどんなに過酷で徹底したものであったかが分かる。同時に一三日以降、国防保安法、軍機保護法、治安維持法などの法令が廃止され、内務大臣、警保局長をはじめ、府県警察部長・特高から巡査に至るまで四九九〇人が罷免された。[20]
福岡県ではこの「人権指令」に基づいて、「十月九日に福岡県から該当者の氏名が内務省に報告された。特高追放該当者は警察部長以下三九八名に達した」（前出『福岡県警察史』五五

〇ページ）。

こうして、特高警察体制は「民主主義実現の一大障害をなすものであった」（「朝日新聞」「天声人語」）が、ＧＨＱの指令によって強行的に解体させられた。では、日本の支配層の抵抗と妨害を排除して〝連合国軍によって押しつけられた〟日本の「民主化政策」に対して、一般の日本国民はどのように反応したのであろうか。

先に引用した「朝日新聞」の「天声人語」（一〇月一一日付）は書いている。

思想政治警察の廃止に伴つて、これまで「奇妙な謎」とされてゐた事件が、次々と国民の前に明らかにされてゆく。▼三木事件の後、最近報道されたホーリネス教会事件にせよ、中央公論、改造事件にせよ、左翼思想家の獄中談にせよ、それを読むと、いかにも陰惨な気がする▼そこには現代にあるまじき拷問が、白昼公然と行はれ、死に到らしめたものも少なくないといはれ、恐怖すべき人権蹂躪の事実が赤裸々に語られてゐる〔略〕▼これが廃止によつて暗い雲の晴れゆく明るさを感じたことは事実である。〔略〕

こうした論調は他の新聞・雑誌にも共通して見られ、特高警察の解体は当然として歓迎された。ここで重要なことは、日本の民主主義の復活強化が、これに反対する「国体護持」派を押さえ込んだＧＨＱの権力的な「指令」だけによって推進されたのではないということである。それは、第二次世界大戦に勝利した反ファシズムの国際秩序に基づくポツダム宣言を受け入れる素地が日本国民の先進的部分にもあったということである。それはどういうことなのか。次章以下で解明することにしよう。

●第二章●

戦後労農運動の再建と組織化

敗戦直後の民主化の動き

あなうれしとにもかくにも生きのびて戦やめるけふの日にあふ

一九三三年に治安維持法違反で検挙されたマルクス経済学者河上肇が、敗戦の日の八月一五日、病床にあって日記に誌した歌である。彼は一〇月一九日、大阪公会堂で開催された自由戦士出獄歓迎人民大会にも招待されたが、参会することができず、一九四六年一月三〇日、再起できないまま六七年と三カ月の生涯を閉じた。

治安維持法は多くの「自由戦士」の命を奪ったが、弾圧に耐え抜いた人々は、敗戦のその日から新生日本の民主的建設のために動きだした。

獄中にあった政治犯の解放は、東久邇内閣の「国体護持」政策によって一〇月まで引き延ばされたが、前章で見た内務省の資料では、八月中から新生日本へ向けて民主的な胎動が始まっていたことが示されている。

例えば、内務省警保局保安課の「左翼の動向」という文書には、次のような記述が見られる。(21)

一　左翼関係要視察人ハ約七千七百人、内非常事態発生ノ場合一斉検挙検束ヲ予定セル非常措置対象者ハ、甲号（直チニ措置スベキ者）一二六人、乙号（情勢ニ応ジ措置スベキ者）七一七人ニシテ、最近の左翼要視察人ノ言動ハ聯蘇容共的意嚮ヲ露骨ニ表明スルモノ多ク、殊ニ共産主義者ハ予テ、大東亜戦争ノ敗戦ヲ信ジ、其時コソ共産主義者ノ起ツベキ時ナリト期シ来レルモノニシテ、新事態発生ニ際シ最モ視察内偵ヲ厳ニシアル処ナリ。

二、而シテ新事態ニ応ズル彼等ノ動向ヲ視ルニ、大勢トシテハ未ダ特段ノ動キヲ示サズ、一般ハ寧ロ平静ナリト見受ケラルルモ、一人二人、十五日ノ御放送ニ対シ不敬的言辞ヲモラセル者アリ、又、数名ノ非転向分子会合シ、情勢ノ見透シニ付検討シタルモノアル等、其一部不逞分子ノ旧交復活ニ藉口スル同志的結集ノ萌芽ト見ラルベキ動キアリタルヲ以テ、之等ニ対シテハ特ニ注意中ナリ。〔下略〕

敗戦後も温存した特高機構を使った「査察内偵」のこの記録は、さらに次のようにも記録している。

「最近、或ハ沈黙ヲ守リ、或ハ転向ヲ表明シ格別ノ動キヲ示サザリシ曾テノ大物、例ヘバ福本和夫、風間丈吉、荒畑勝三、加藤勘十等ノ前歴者ニ対シテモ、情勢ノ一変ニ応ジ更メテ視察内偵ヲ厳ニシツツアリ」

そして、別の内務省警保局保安課の「秘　終戦に関する共産主義分子の動向並意嚮に就いて」には、一応の情報の一つとして「福岡県に於いては、数名の共産主義分子が敗戦による和平の到来に際して祝盃的会飲を為した容疑事実がある」ということをあげている。どこで、誰が、ということは分からないが、福岡県でも新事態を迎えて、再生日本へ向けた胎動があったことを示す記録である。

前章で取り上げた福岡県知事から内務大臣に送られた報告の中にある、吉田法晴、三輪寿壮、波多野鼎らの「社会民主主義的政党結成」への動きは、一一月二五日の日本社会党福岡県本部結成大会として具体化した。

もちろん、全国的規模で見れば、敗戦直後からGHQの「人権指令」が出される以前に、北海道や東北の朝鮮人・中国人労働者の決起だけでなく、戦後初の全国組織といわれる全日本海員組合の結成（八月二八日、海員組合再建京浜地区準備会結成、一〇月五日、全国海員組合結成）に見られるような、日本の労働者自らの手による民主化運動が澎湃《ほうはい》と起こっていたのである。

こうした労働組合再建、日本社会の民主化は、どの分野でも戦前の活動家の手によって組織されていった。治安維持法の時代に弾圧され、窒息させられた反戦平和・民主主義のためのたたかいは、細くはあっても地下水として流れ続け、敗戦と同時に地上に滲み出し、やがて奔流となって流れだすのである。

全国的労働組合の再建

先にあげた全日本海員組合結成の事情などについては、『全日本海員組合四十年史[22]』に詳しいが、これによって敗戦直後の全国的労働組合結成の動きを若干検討してみたい（以下、「」内は同書からの引用）。

「昭和二〇（一九四五）年八月一五日、日本政府はポツダム宣言を受諾して連合国に無条件降伏し、太平洋戦争の勃発から三年八カ月余、満州事変から数えると一五年近く続いた戦争は終結した。米軍の空襲によってなかば焦土と化した国土に生き残った七五〇〇万国民の大部分は、民族史上初めて経験した敗戦という現実に、しばらくは虚脱状態に陥り、また、やがて予定された米軍による占領におびえていたが、まさにこの時にあって、戦時下に圧殺され、五年の空白を経験した海上労働運動の再建の第一歩がしるされたのであった」

こう『四十年史』は、「海上労働運動の再建」の冒頭、「終戦直後の動き」の件《くだり》を書き起こしている。そして終戦の翌一六日には、横浜で岡部信など戦前の海上労働運動の活動家一六名が集まり、海員組合の再建を協議したというのである。また、神戸では「楢崎猪敏が八月二〇日付新聞でドイツ占領の連合軍が労働組合助成方針を明らかにしたことを知って、戦前最後の組合長であった堀内長栄を訪れ、組合の再建を相談した」という（同書、六七ページ）。

ポツダム宣言には「労働組合そのものについての言及は未だ示されていなかった」が、ポツダム宣言の「日本国政府ハ、日本国国民ノ間ニ於ケル民主主義的傾向ノ復活強化ニ対スル一切ノ障碍ヲ除去スベシ」という項目が、日本の労働者を励ましたことは明らかである。こうして「船員団体再建の動きは、上述の京浜・阪神地区以外にも北九州、北海道の港湾地区で進められた」。その中で、先行した京浜地区では早くも八月二八日（マッカーサー厚木到着の日）、京浜地区準備委員会が結成され、二九日に新組織確立のための「提唱」を発表した。

「提唱」の中では次のように述べている。「復活と再建の為の戦ひはこれからである。吾々の新しい闘ひは再びつづけられるであらう。即ち海上勤労者の自主的団結に依る組織確立の為の闘争、生活確保と全勤労者階級の一環としての吾々の政治的自由獲得の為の闘争である」

「数日を出ずして阪神、九州、北海道の各地区準備委員会が結成された」。九州地区では「鈴木倉吉（委員長）、木下善市、竹本和蔵、百田利一、鹿子木伸吾、永山正昭」が組合再建に努力した人としてその名前が上がっている。

全日本海員組合の結成大会は一九四五年一〇月五日、神戸市立海員会館で開催された。「参集者の多くは阪神地区で待機する船員であったが、京浜地区はもとより、遠く北海道や九州から、当時の麻痺状態だった交通機関を利用し、空腹と疲労を乗り越えて文字どおり握り飯持参で馳せ参じた者も少なくなかった。五年前、軍部と官僚の圧力のもとに解散大会を行い、涙をもって数十本の組合旗を焼いたことを想い起こし、無量の感慨をおぼえる人々も多かった」

こうして生まれた結成大会で採択された宣言では、「惟フニ日本ヲシテ斯ル悲境ニ立至ラシメタル根本原因ハ、正ニ自主的民意ノ圧殺ノ上ニナサレタル横暴極リナキ軍閥ノ封建的支配ト、之ニ媚撫セル官僚ノ独善ト、信念ナキ政治家ノ無為無能ト貪慾飽クナキ財閥ノ搾取ニ在リト信ズルモノニシテ、吾等ハ斯ル社会的矛盾ヲ徹底的ニ打破シ、進ンデ健全ナル海運産業ヲ再興シ、以テ海ノ勤労大衆ノ生活ノ安定ト社会的地位向上ヲ計ランガ為自主的結束ト自律的行動ノ自由ヲ獲得スベキ必要ヲ痛感スルモノデアル」と格調高く述べている。

ここにはポツダム宣言以外、まだ占領軍による日本支配の方策、労働組合対策も明らかになっていないにもかかわらず、日本の労働者の内部から、戦前の労働運動の伝統を踏まえて自主的・自律的に労働組合再建への取り組みが起こってきた様子が典型的に描かれている。

全日本海員組合の結成に携わった人々の多くは、戦前の海上労働運動の幹部であったとはいえ、敗戦までは海運報国団などの戦時統制団体に勤務していた人々で、一二月一四日の公職追放令に該当して後に組合役員を辞任した者もあったが、一九四五年末までには本部体制が整備されていった。同時に各港湾都市を中心として、年末までに横浜（一〇月）をはじめ東京、室蘭、小樽、塩釜、新潟、伏木、名古屋、神戸、若松に支部が開設された。さらに翌四六年八月末までに大阪をはじめ六つの支部が増え、各地の港湾に出張所が設置された。

九州・山口県で出張所が設置された所は、下関、門司、八幡、博多、大牟田、唐津、長崎、佐世保、鹿児島、大分であった。当時の組合組織が伸びていった状況について、『四十年史』は次のように述べている。

「二〇年一二月の組合の活動報告書によれば、昭和二〇年末の組合員数は四万三〇〇〇名と推定されている。終戦時の生存汽船船員数が職員一万五三〇〇名、部員五万五六〇〇名、計七万九〇〇〇名であったから、急速な組織化の進展といってよいであろう。〔略〕そして上述の支部・出張所設置の進捗状況は、組合員の増加に対応したものとみることができるのであって、このことは船員の多くが全日本海員組合を自らの唯一の利益擁護団体と認めて参加したことを意味するものといえよう」

戦後最初に労働者の団結権を保障し、団体交渉権を保護する目的で労働組合法が作られ、公布されたのは一九四五年一二月二二日（翌三月一日施行）であったことを思えば、戦後の労働組合再建の動きに関連して、「日本の労働組合は『ポツダム組合』である」とか、「戦後民主主義は与えられたもの」、「日本の民主化は押しつけられたもの」という宣伝がいかに一面的な見方から来ているかが分かる。「労働組合法」一つとってみても、敗戦直後の労働者の生活と権利を守る要求運動と、こうした運動が真の民主的改革＝革命運動に発展することを恐れた支配階級の政策的意図との矛盾を解決するものであった、ということが重要なのである。

なお、全日本海員組合はその後、戦後の労働運動の中から生まれた二つのナショナルセンター、即ち日本労働組合総同盟（総同盟）と全日本産業別労働組合会議（産別会議）のいずれに参加するかについて組織内で論議を重ねながら、産業別単一組織としての体制を維持し、二・一スト中止後の四七年三月一〇日に結成された全国労働組合連絡協議会（全労連）に参加した。

筑豊の鉱山労働組合結成

ポツダム宣言が要求した「日本国国民の間における民主主義的傾向の復活強化」が、まだ日本政府によっても日本を占領した連合国軍によっても具体化される以前に、日本の労働者によって労働組合再建の運動が動きだした国際的な背景には、一九四五年一〇月三日にパリで結成された世界労働組会連盟（WTU・世界労連）の存在が大きかったことは疑いないだろう。世界労連は、五大陸にまたがるすべての国の労働者（アメリカのAFLを除く）を結集した唯一の国際労働組織（当時）であり、日本にも視察団を送り、日本の民主化と労働組合運動の発展を助けることを決議したのである。[23]

戦後の福岡の炭鉱で最初にストライキを組織してたたかった日炭高松労働組合の『日炭高松組合十年史』（以下『十年史』）は、敗戦直後から炭鉱労働者が組合を組織し、たたかいに立ち上がった様子を次のように書いている。

飢餓と失業のドン底へつきおとされた国民は抵抗せずにはいられなかった。そこに、十月十日、はじめて公然たる活動の自由を得た反戦主義者・左翼労働運動家・共産主義者たちが獄中から労働者にたたかいにたち上がるようによびかけて、街頭にあらわれたのである。争議はかわききった草原に火がついたようにひろがった。それは、アメリカ占領軍の予想をはるかにこえたものであった。その火ぶたをきったのは、戦時中もっとも劣悪な労働条件のもとで酷使された炭鉱労働者であった。〔略〕

爆発的ないきおいで争議はひろがり、組合が組織された。戦前には全労働者の十％しか組織されず、人員も四〇万以下だったのが、敗戦後、二一年三月までの六カ月間に合計六、五三七組合、二五六万七、四六七名を組織した。たしかに世界労連がいうとおり、「戦後の日本労働組合は歴史上いまだかつてないようなはやさで発展した」(世界労連一九四五〜九年活動報告書)

こうした組織と闘争に、解放された左翼労働運動家たちは、大きな役割を果した。かれらは飢餓と失業に苦しむ労働者大衆に訴え、これを通じて大衆を労働組合に組織してゆく方向をとった。

地域的結集と産業別組織結成への動きは、きわめて急速にすすみ、はやくも二〇年十一月十二日、北海道炭鉱労働組合連合会が結成され、戦後最初の産業別組織として、年末までには北海道炭鉱労働者のうち七四・七%を組織するにいたった。(六一〜六二ページ)

一九四五年一〇月四日のGHQ「人権指令」に基づいて、徳田球一、志賀義雄などの政治犯が釈放された一〇月一〇日、日炭高松一坑の山本経勝[24]は保護観察処分を取り消すとの通知を受け取った。山本経勝は一九三三年の弾圧で逮捕投獄された戦前からの活動家であったが、既にそれより前から復員したばかりの数人の労働者と極秘裏に組合設立について話し合っていたという。

一一日、マッカーサーが幣原内閣に対し、「人権確保に関する五大改革」を指示し、労働組合の助長が保障され、特高警察の廃止とともに、治安維持法をはじめ戦前の弾圧法令が相次いで廃止されると、日炭高松でも全従業員に呼びかけて一一月初旬から組合結成準備委員会が活動を始め、一二月一日、ついに「高松炭業労働組合」が創立された。創立宣言は次のように述べている。

「自主労働の顕揚を以て結ばれたる同志的集団であり、民主的社会機構の下部組織の一翼をなすわが高松炭礦の炭業労働組合は、茲に発足する。我等は内に因習と伝統の旧格を破り、生産即生活の本義に徹し、外に凡ゆる封建制を一掃し、且つ眠れる友を呼び醒し、共に腕を組んで、新日本建設の前衛としてたち上がるのだ」（同前、六六ページ）

高松一鉱に労働組合が誕生すると、二鉱、三鉱、四鉱にも引き続き労働組合が組織され、四六年二月までに遠賀鉱業所勤労者組合を含めて、高松炭鉱には独立した五つの組合が誕生した。この間、一二月二日に結成大会を開いた第二高松炭鉱労働組合は、結成直後から会社側からの組合切り崩しにあい、六日から戦後初めてのストライキに突入することになった。争議の要求は次の四項目であった。

①興道会〔戦時中の産業報国会の下部組織〕絶対反対

②賃金値上（坑内一五割、坑外一〇割、但し一一月現在の本給に対して割増しをする）

③手当増額、直接夫六円、坑内間接夫四円五〇銭、坑外四円、但し年功の区別廃止及び連勤

には増給する

④年期賞与平均月額収入の一五割

ストライキ決行が決まると、直ちに一鉱の高松炭業労働組合にも共同闘争の申し入れを行った。共闘申し入れによって高松炭業労組からは多数の組合幹部が応援に乗り込み、炭業労組も二鉱と同様に「賃金増額」、「在籍従業員を組合員として認めよ」の二項目の要求で、二鉱争議の支援ストを決行することを決めた。

四日間にわたる争議は一二月九日、吉田敬太郎市長の斡旋によって次の条件で解決した。

一、坑内一五円、坑外五円、手当てとして賃金を上げる（各鉱共通）

二、一二月以降、一日以上出稼者に対し、芋二貫目を無償給与

三、ストライキによる犠牲者を出さない

同時に支援ストライキを宣言していた高松炭業労組の要求も認められ、一鉱はストを行わず解決をみた。

こうして、たたかいつつ組合は拡大していった。一鉱は組合を結成すると、直ちに高松炭鉱における組合の単一化を目指し、他の四つの組合を糾合した「日炭高松労働組合連合会」を、三月三日の桃の節句を選んで発足させることができた。

前年一二月に成立して三月一日より施行された労働組合法が、治安維持法、思想犯保護観察

法の廃止とともに、若い戦後労働組合の結成と発展にとって一層の拍車をかけたことは当然であるが、その下地は既に醸成されていたのである。

四月二二日、全国的・産業別統一組織として「全日本炭鉱労働組合」(全炭)が結成されると、これに加入した高松労組連合会でも単一化の話し合いが急速に進み、五月一日の第一七回メーデー、戦後最初の復活メーデーの日を期して創立宣言大会を開き、単一の「日炭高松労働組合」が誕生した。

『日炭高松組合十年史』は書いている。「我々の組合が、各鉱組合から単一化までわずかの期間に成長し得たのは、興道会反対、悪質係員追放、連合会闘争の大動員[25]、ひとつひとつが共感をおたがいの胸によびおこし、しいたげられた労働者の解放のよろこびをともにした、そのおなじ経験が、統一への結実となったからだった」(同前、八六ページ)

続いて五月一三日、九州の鉱業界で初めての労働協約を、経営者側と締結した。『十年史』によると、「協約は、第一に、労働者代表の経営参加、いわゆる『共同決定』の権利をみとめさせた。第二に、最低賃金制を確立し、従業員の生活を保障することを経営者の義務とした。第三に、『従業員の採用・解雇は組合の承認なくしてこれを行わざること』と、定めた」(同前、八六ページ)。

この中でも、第一の「労働者代表の経営参加」は、四五年一〇月に始まった読売新聞社争議に代表される「生産管理」方式の労働争議に連動して経営の民主化を要求する、当時としては画期的な闘争形態(26)であった。

こうして日炭高松のたたかいは、産別が全組織をあげてたたかった四六年の「一〇月闘争」から、四七年の官公労働者を中心とする「二・一スト」支援体制準備へと引き継がれていったのである。

以上、日炭高松労組を例に筑豊における炭鉱労働組合の組織状況と若干の闘争について見てきたが、一九四五年末から四六年初頭にかけては、高松だけではなく筑豊全山を揺るがすように各鉱山に労働組合が誕生していき、争議に立ち上がっていったのである。

こうした中で、戦後の全国的労働組合中央組織の再建過程を反映して、筑豊でも二つの潮流が生まれることは避けられなかった。その一つは、旧総同盟系の伊藤卯四郎、宮崎太郎、光吉悦心らによって四五年一二月一六日に結成された九州地方鉱山労働組合（九鉱）であった。九鉱は日本社会党支持・反共産主義・経済復興のために闘争排撃（労資協調主義）を主張した。これに対し、労働組合が特定の政党を支持することに反対する旧評議会・全協系の活動家であった山本経勝（日炭高松）、天野竹雄（赤池）、坂田寿人（日鉄二瀬）らは四六年一月二七日に筑豊鉱山労働組合連合会（筑鉱連）を加盟二二組合で結成した。この筑鉱連は前述のように、炭鉱労組の全国組織・全日本炭鉱労働組合（全炭）ができたときに「発展的に解消した」（『十年史』七七ページ）。

第一七回「復活」メーデー

日本のメーデーは欧米に遅れること三〇年、一九二〇（大正九）年五月二日に行われたのが最初であった。

一九一八年の米騒動以後、急速に高まった労働運動や労働争議を弾圧するために一九〇〇年に治安警察法を公布した政府は、この法律を使って、最初のメーデーに対しても厳しい取り締まりで臨んだ。そしてこれから以後、全国に拡大し参加者が増えていく毎年のメーデーは、官憲の弾圧と労働者の団結とのせめぎ合いの中で行われたのである。

しかし、こうした日本のメーデーも一九三一年の「満州事変」によって、いわゆる一五年戦争に突入すると、一九三二年第一三回メーデーが「ファッショ粉砕」のスローガンを掲げて統一を守ったのを最後に、三三年には戦争に協力する国家社会党を支持する日本労働総同盟などの右翼的労働組合や右翼団体によって分裂させられ、第一五回、第一六回と統一を回復できないまま、一九三六年二月の二・二六事件の戒厳令下でメーデーが禁止されると、以後一九四五年の敗戦まで二度と開催されることはなかった[27]。

一九四五年八月に敗戦を迎え、燎原の火のように労働者を中心に日本の民主化が拡がると、早くも戦後最初のメーデーは、四六年五月一日に「復活統一メーデー」として戦前の数十倍の規模（全国で一二五万人、当局発表）で行われた。東京の人民広場（皇居前広場）には主催者発表で五〇万人、警視庁調べで二〇万人という多数が集まった[28]。

「西日本地域でも参加者無慮三十万、北九州、筑豊、福岡、長崎などの主要地域をはじめ各県下にわたつて広場、広場の大会にうちつづく示威行進に移れば逞しい双頬も乙女の黒髪もしとど緑の雨にぬれ、うちふる赤旗の色は血のやうに街路を染めたこの日、往年の老闘士も幾多隊列の先頭にたつたがいまは警官の警戒も、あんじられた衝突もなく全国的に平穏なメーデーであつた」と報道した五月二日付の「西日本新聞」は、福岡市の復活メーデーについて次のように記している。

福岡市は朝から沛然たる豪雨が舗道を叩き会場参集の九時ごろは面をあげられない強烈さ、だが待ちに待つたこの日、士気いよいよあがつて組合旗、プラカードを先頭に東公園に集合した各組合団体は、日本ゴム、貯金局、福岡電気通信工事局、筑紫工業、日本発送電、九州配電、門鉄志免、西日本新聞社、市内各炭鉱、鉄工場など三十余、総数二万に達

し亀山銅像前を埋めつくす。〔略〕
かくて午前十時開会宣言、(29)秋本〔善次郎〕大会委員長の挨拶後実行委員の指名あつて同十時半、反動戦線粉砕、米を配れ、勤労所得税撤廃、最大限八時間一般七時間制確立、クビ反対など思ひ思ひのスローガンを掲げて四列縦隊の整然たる行進が開始された。赤地に闘争本部と染めぬいた旗の下には秋本委員長をなかに青共の若人がガッチリと肩を組んで堂々と進む。社会党田中松月氏の顔が見える。カーキー色のレインコートのなかに赤、緑の婦人コート、白い素足が黒いカウモリ傘と興奮した群衆の顔のなかにあざやかに浮かぶ。〔略〕
実行委員の一隊は知事室、市長室に赴いて決議文を手交、本隊は本社前天神町を経て大濠に到り野球場で各団体代表より労働者の団結・反動粉砕を叫んだ。この時畑山市長辞意表明の報がもたらされ感激は最高潮に達し「福岡地方メーデー万歳」ののち別れのメーデー歌の合唱があつて午後二時半復活第一回メーデーは事故もなく終了した。

（〔 〕内引用者）

同新聞は久留米地区、大牟田地区のメーデーについても報じたが、引用記事中の知事・市長に対する決議文手交については、別項でも詳しく報じている。

雨の中のメーデー行進（「西日本新聞」1946年5月2日付より）

それによると、知事応接室ではデモ隊代表亀井友喜はじめ二〇名の交渉委員が野田〔俊作〕知事と会見して決議文を読み上げ、官僚独善主義を痛烈に批判して手交し、戦時の勤労動員学徒に支給した報償金の収支明細を公表すること、産業報国会の余剰金で労働会館を設定すること、軍放出隠退蔵物資の数量および所在を公表し人民管理に移すこと、米麦供出に対する強権発動絶対反対などの九項目について回答を求めた。これに対し、知事は後日新聞紙上で回答することを約束したという。

畑山〔四男美〕市長に対しては、メーデー福岡大会実行委員長中野誠一以下一一名が訪れ、「福岡市民に対して戦争強行の責任をとれ」他四項目の決議文を突きつけ、即時退陣を要求した。

市長は即答を避けたが、三時間の押し問答の末、最後には五日の正午に辞職の時日を言明すると回答した。これによって畑山市長は五月一八日に辞職したが、次期市長三好弥六が八月一四日に就任するまで、市長は空席のままとなった。

復活メーデーの様子を新聞で感動的に伝えた西日本新聞社では、四五年一二月に労働組合法が制定される以前の一二月一日に、星野力（当時編集局次長）はじめ秋本善次郎、森一作、今井慎之助、西山新次郎などの編集関係の活動家が中心になって西日本新聞社従業員組合が結成されており、県下の労働組合結成運動の中でも重要な役割を果たしていた[30]。

敗戦後一年にして、戦災の廃墟の中で恐るべきインフレと食料危機に怯えながら、自らの命と生活を守るために立ち上がった労働者をはじめとする老若男女の民衆は、政治的自由獲得を武器に、新生日本の再建を目指して団結を固めていった。しかし、新生日本、民主日本の再建に日本の民衆自らが力量を発揮し、日本政府がアメリカ占領軍の衝立の役を果たせなくなると、占領軍は政府を支えるために自ら前面に姿を現すようになった。

それは、四六年四月一〇日の総選挙で幣原内閣与党の進歩党が大敗して第二党になり、五月一日のメーデーに東京で五〇万人、全国で二〇〇万人が集まり、引き続いて五月一九日には人民広場で二五万人の労働者・農民・市民が「食料危機突破国民大会」（食料メーデー）に怒りを結集をする状況を見て、対日理事会のアメリカ代表アチソンが「共産主義は歓迎しない」と演説したり、マッカーサーが「多数の暴民によるデモと騒擾は占領目的をおびやかしている。これ私はかかる状態をあらためるのに必要な措置をとる」などと声明したことに現れている。これ以後日本国民にとっては、日本の反動政府と、これを支えるアメリカ帝国主義との直接対決が民族独立の課題となるのである。

●第三章●

日本国憲法と教育基本法の制定

海軍に憧れた軍国少女たち

徹底した軍国主義教育（皇国民練成教育）は、男子よりも女子にストレートに注入されたのではないか。男子の場合は、「忠君愛国」は直接自分の「死」と対面するすることであった。そしてその「死」の選択肢は、陸か、海か、空か、三つのうちの一つであった。しかし、少女たちにとっては、その「死」は間接的であったが故に、軍国主義教育も情緒的に受け止めることができたと言えよう。

戦後も五九年経った二〇〇四年のある学習会で、太平洋戦争末期に小学校（国民学校）六年生だった女性は、教師から江田島の海軍兵学校で学ぶ同世代の少年の噺《はなし》を聞いて感動し、自分も海軍軍人に淡い憧れを持つ軍国少女だった、と語っている。

また別の女性は、敗戦の年は女学校一年生であったが、夏休み明けの学校での体験を次のように語った。

「辺り一面焼け野原となった中、無事だった校舎で迎えた新学期は、来る日も来る日も教科書の墨塗り作業でした。一年生の歴史は『東洋史』でした。少し怖い先生でした。墨塗りの授業の後、黒板に短い漢語を書かれました。今にして思えば『百姓《ひゃくせい》昭明《しょうめい》万邦《ばんぽう》協和《きょうわ》』という言葉でした。そして『この言葉は支那（中国）の古い言葉で、昭和の年号の由来となったものです。〝多くの声がとどいてこそ確実に世の中は平和になる〟。この意味を大事にこれからは二度と過ちを繰り返さないようにしなければならない』。こう先生は教えられたと思っています」

この女性は最後に、「戦時下、静かに押さえ込んでおられた先生のお気持ちが、あの時、ほとばしるような感じで私たちに教えて下さったのではないかと振り返っています」と付け加えた。軍国主義教育の〝成果〟は、特攻隊を生んだ温床であったばかりでなく、か弱い女性や子どもまでも軍国日本の礎にするものであった。

生き残った特攻隊員の証言

二〇〇一年に文部科学省の検定に合格した「新しい歴史教科書をつくる会」（以下「つくる会」）の中学校歴史教科書では、

一九四四（昭和一九）年秋には、米軍がフィリピンに進攻した。マリアナ諸島の一つのサイパン島から、爆撃機Ｂ29が日本本土への空襲を開始した。同年一〇月、ついに日本軍は全世界を驚愕させる作戦を敢行した。レイテ沖海戦で、「神風《しんぷう》特別攻撃隊」（特攻）がアメリカの海軍艦船に組織的な体当たり攻撃を行ったのである。

と本文で述べ、囲み資料で「特攻隊員の遺書」として、一九歳で沖縄で戦死した宮崎勝の妹宛の手紙と、二三歳で沖縄で戦死した緒方襄の遺詠を載せた。手紙には、

「マイニチ　クウシュウデコワイダロウ。ニイサンガ　カタキヲ　ウッテヤルカラ　デカイボカンニ　タイアタリスルヨ。ソノトキハ　フミコチャント　ゴウチンゴウチンヲウタッテニイサンヲ　ヨロコバセテヨ」

とある。また、遺詠には「今吾れすべてを捨てて／国家の安危に／赴かんとす／悠久の大義に生きんとし／今吾れここに突撃を開始す」という文言が見られる。そして、資料の設問には「戦争中の人々の気持ちを、上の特攻隊員の遺書や、当時の回想録などを読んで考えてみよう」と生徒に指示しているのである。

著者（大瀧）の義兄・青柳恵二（宮崎在住）は、「人間魚雷」といわれた特攻兵器「回天」の乗組員であったが、終戦間際、本土決戦に備え、水際で米軍を迎え撃つために日向市の細島

基地に出撃・配備され、終戦を迎えた。彼が私たちに語ってくれた話の内容の一部を紹介しよう。

敗戦直前に宮崎県に編成配備された海軍の特攻隊と特高兵器（航空機を除く）

五月五日～六月八日の間に、油津に回天九基、震洋艇一〇〇隻、魚雷艇一二隻
六月一七日、南郷栄松に回天七基
七月一四日、大堂津に回天四基
七月八日、細島に回天一二基、震洋艇一二五隻、魚雷艇一二隻
七月二二日　内海に回天六基
以上合計で、回天三八基、震洋艇二二五隻、魚雷艇二四隻でした。

水中特別攻撃兵器「回天」とは

水雷艇用の九三式魚雷（当時世界的にも最大級の魚雷といわれた）を改造し、人間が搭乗して操縦できるようにした兵器です。全長一四・七五メートル、胴体部分の直径一メートル、重量八・三トン、炸薬一・五五トン。上下左右自在の望遠鏡で観測しながら、敵艦に接近し体当たりする「必死必殺」の兵器として開発されたものです。

敗戦直前、多聞隊(31)による最後の回天作戦

沖縄戦で戦艦大和をはじめ海上部隊のほとんどを壊滅させられ、残されたのは航空部隊と潜水部隊のみとなった。しかも敗戦一カ月前の作戦可能な潜水艦は一〇隻に満たないという状態までになっていた。こういう状況の下で、六隻の潜水艦に三三基の回天兵器を搭載して七月一四日から八月にかけて、沖縄東方海上に次々と出撃しました。

この作戦で、七月二四日から八月一二日までに、一二名の特攻隊員が回天兵器とともにアメリカの艦船に突入し、戦死しました。八月一二日、私の戦友林義明兵曹が潜水艦イ五八号から発進し、米艦船に突入して戦死しました。敗戦三日前のことでした。これが回天兵器による最後の攻撃でした。

多聞隊では、出撃した六隻のうち三隻は米艦船に遭遇せず、回天を発進させずに敗戦を迎え、二一名の特攻隊員が生還しました。それこそ、文字通り九死に一生を得たということでしょう。

しかし、敗戦間際に戦死した一二名の戦友を思うと、いまだに悔やんでも悔やみきれない何とも言えない悔しい思いでいっぱいです。

義兄は戦後復員して宮崎県延岡市の旭化成で働き、一九四八年の旭化成労働組合に対する人

員整理とレッドパージ・組合破壊の攻撃とたたかい、四九年三月馘首《かくしゅ》されたが、のち日本共産党宮崎県委員会の専従として、一貫して進歩と革新の側に身を置き、現在も日本国民救援会の仕事をしている。

軍国主義教育のもとでは、真面目で純粋な多くの青少年が、その教えられた通り〝軍国の鬼〟となって、「鬼畜米英」と刺し違えていったことは事実である。しかし一方で、天皇制の呪縛から解放された多くの軍国青少年が、敗戦後いち早く戦争のない平和で民主的な日本の建設のためのたたかいに立ち上がったことも、歴史的事実である。

ポツダム宣言の正訳を作った当時の条約局第一課長下田武三（元駐米、駐ソ大使）が言うとおり、「八月六日広島に原爆が投下され、次いでソ連参戦をみるに及んで、政府は、わが国体さえ護持することができるなら、この宣言を受諾するとの方針を決定し、外務省はまず連合国に対して、この点の確認を求める措置をとることとなった[32]」（傍線引用者）のは、八月一〇日午前二時過ぎの午前会議であった。

こうして、既に戦争終結の方向が決定した以上、一人でも敵味方の戦争犠牲者を出さないようにするのが政府の責任であるのに、天皇制政府は最後まで「国体護持＝天皇制維持」のため国民の命を犠牲にして省みなかったのである。八月一二日の回天特攻隊への出撃命令は、天皇を頂点とした〝戦争国家・日本〟の行き着くところを示した一つの象徴であった。

「国体護持」と教育改革

日本の一部である沖縄県では、一九四五年六月二三日に戦争は事実上終わっていたが、本土で「国体護持」を唯一の条件として日本が降伏したことを国民が知らされたのは、八月も一五日になってからであった。

翌一六日、戦争終結と鈴木貫太郎内閣の総辞職を報じた「朝日新聞」は、元文部大臣橋田邦彦の談話を一面に載せた。医学博士であり、旧制第一高等学校の校長から、第二次近衛内閣、第三次近衛内閣、そして東条内閣の各文部大臣を歴任した橋田が語った内容は次の言葉で始まっている。

わが国体の尊厳なることは神勅[33]に示し給へる如く天壌無窮であつて万世一系の大君、国の元首として上にましまし、また蒼生[34]はその赤子であることは、日月の如く燦として燎かだ。上御一人の大御心は大詔となつてわれら赤子の上に御仁慈の御訓しを垂れさせられる。われらはこれを謹み畏み、これを必ず践み行ひ大みことのりのまにまに生きることこそ蒼生の道であり、これが尊厳なる万邦無比の国体の姿である。「詔書必謹」この精神が幾多の特攻隊により実現せられ「必謹」の具現が滅私の姿となつたのだ。われらはこの大御いくさに従ひ奉つたが、この「必謹」といふ姿にどれだけ徹し得たであらう。[35]

日中戦争から太平洋戦争にかけて、日本の青少年を軍国主義・侵略戦争に駆り立て、挙げ句の果てに「特攻隊」精神を叩き込んで多くの有為な若者を南海の藻屑と化す音頭取りをした橋田が、なぜ敗戦のその時に、亡霊のように新聞に登場したのか。戦前の軍国主義教育の行きついたところが「特攻隊」の養成であったことは、橋田の言うとおりであるが、許しがたいのは、「詔書必謹」(天皇の命令には絶対に服従せよ)を身をもって実現したと称して、その「特攻隊」精神を称揚して敗戦後の日本国民にも押しつけ、天皇制だけは守る、という感覚である。こうした感覚は橋田だけでなく、戦後日本の保守的支配層の共通した認識であったし、「国体護持」を唯一の政治目標にした由縁であった。

ちなみに橋田は、九月一四日午後、戦争犯罪人として出頭を命ぜられたが、逮捕に向かった官憲の目前で服毒自殺を遂げ、自らの戦争責任と戦時教育の罪業を闇に葬ってしまった。

鈴木内閣に代わって八月一七日に成立した東久邇内閣の文部大臣は、元内務官僚・ジャーナリスト・新潟県知事・貴族院議員の経歴を持つ前田多門であった。彼は最初の記者会見で次のように語った。

「教育の大本は勿論教育勅語をはじめ戦争終結の際に賜うた詔書を具体化していく以外にあり得ない。その線に沿つて今後教育の諸問題をといていきたい」

そして、同時に科学教育について、次のようにも述べた。

「単なる科学だけの分野でなく広く文化をひつくるめたもの、日本人のつまり思考力といふものをもつと昂揚していきたい。原子爆弾をただ凌駕するものを考へていくといふやうなことでなくもつと大きなものをきづいていき度いと思ふと同時に基礎科学をもつと深くやつてみたい」(「朝日新聞」一九四五年八月一九日付)と。

前田多門のこうした考え方は、九月一五日に「新日本建設の教育方針」として文部省から発表された。そこでは、「新教育の方針」として「今後の教育は益々国体の護持に努めると共に軍国的思想及施策を払拭し平和国家の建設を目途として謙虚反省只管国民の教養を深め科学的思考力を養い平和愛好の念を篤くし知徳の一般水準を昂めて世界の進運に貢献するものたらしめんとしている」と述べている。「文教に関しては連合国側より未だ指示をうけてはいないが」、文部省は「文教改革の好機」(当日付「朝日新聞」)として発表し、真先に「国体護持」を掲げながらも軍国主義教育を一掃し、平和国家建設を目標としたことは、その後の教育改革に明るい道筋を開くことになる。

こうした新教育方針の矛盾は、いわゆる「墨塗り教科書」にも端的に現れた。

「新日本建設ノ教育方針」の中で文部省は、「戦争終結ニ関スル大詔ノ御趣旨ヲ奉体《〔ママ〕》シテ世界平和ト人類ノ福祉ニ貢献スベキ新日本ノ建設ニ資スルガ為メ従来ノ戦争遂行ノ要請ニ基ク教育施策ヲ一掃シテ文化国家、道義国家建設ノ根基ニ培フ文教施策ノ実行ニ努メテイル」と前文で述べながら、教科書については、その三で「教科書ハ新教育方針ニ即応シテ根本的改訂ヲ断行シナケレバナラナイガ差当リ訂正削除スベキ部分ヲ指示シテ教授上遺憾ナキヲ期スルコトトナツタ」とした。

次いで九月二〇日に、「終戦ニ伴フ教科用図書取扱方ニ関スル件」という次官通牒を出したが、その中では大要次のように述べている。

「教科用図書ニ付キテハ追ツテ何分ノ指示アルマデ現行教科用図書ヲ継続使用シ差支ナキモ戦争終結ニ関スル詔書ノ御精神ニ鑑ミ適当ナラザル教材ニツキテハ左記ニ依リ全部或ハ部分的ニ削除シ又ハ取扱ニ慎重ヲ期スル等万全ノ注意ヲ払ハレ度此段及通牒」と。

そしてその基準として五項目をあげた。

イ、国防軍備等ヲ強調セル教材

ロ、戦意昂揚ニ関スル教材

ハ、国際ノ和親ヲ妨グル虞アル教材
ニ、〔要旨：現実の事態や生活体験と乖離した教材〕
ホ、其他詔書必謹ノ点ニ鑑ミ適当ナラザル教材

また、補充すべき教材として「道義確立」など八つの教材を例示しているが、そのトップには「国体護持」に関する教材が挙げられた。

こうした基準に基づいて、文部省は国民学校国語（「よみかた」）の教科書から四〇以上の教材を指定したのである。したがって、軍国主義や極端な国家主義を謳歌した教材は墨で塗られたが、「国体護持」に関わる天皇や忠臣に関する説話は生き延びたのである。

墨塗りの対象になった教科書は、敗戦の時に使用されていた教科書であったが、これは、一九四一年三月の国民学校令によって、明治以後続いてきた小学校を国民学校と改称し、「皇国の道に則って、国民の基礎的練成を成す」という目的に沿って作られた教科書であった。国民学校四年生の「国語（二）」教材は全部で二四あった。そのうち、最終的に全文削除（連合国軍最高司令官の承認を得て決定、一九四六年一月二五日、教科書局長から通牒）されたのは一〇教材あった。その他、部分修正が三教材三カ所あった。全文削除の教材項目は次のものである[36]（〔〕は大瀧注記）。

祭に招く〔神道〕／村祭〔同〕／田道間守〔後記〕／潜水艦〔軍国主義〕／南洋〔侵略〕／軍旗〔軍国主義〕／慰問袋〔同〕／雪合戦〔同〕／三勇士〔同〕／東京

九月二〇日の次官通牒に加えて、一二月一五日の「神道指令」及び一二月三一日の「修身、日本歴史及ビ地理停止ニ関スル件」の指令に接して、教科書における軍国主義、極端な国家主義・国家神道の記述は排除された。しかし、これらを支え推進した天皇制権力の支配体制は、「国体護持」の名のもとに、教科書の中に生き残ったのである。先に見た「国語（二）」の教材の中で、削除されずに残った天皇制に直接関わる教材は次のものである。

聖徳太子〔推古天皇の摂政〕、養老〔元正天皇の治世〕、菅原道真〔醍醐天皇の忠臣〕が目につくが、この教科書で特異な扱いを受けたのは「田道間守」という教材であった。これは垂仁天皇の忠臣田道間守が、天皇の命令をどんなに忠実に守ったかという『日本書紀』に伝わる伝説物語であるが、一月二五日通牒では、この教材についてだけは「全文」「取扱注意」とし、「今は可　天皇制の問題確定後は考慮す」と注記していた。この教材は明らかに天皇制を美化したものであるが、「詔書必謹」の精神を教えるためにはまたとない教材であることから、天皇制の行方を見て墨を塗るかどうかを決めようということだったのであろう。

神がかり的な教育から科学的な思考を育てる教育の必要性を認識しながらも、「教育勅語」・

「国体護持」教育の呪縛から脱しきれない日本政府の文教政策に対し、連合国最高司令部はついに一〇月二二日、教育に関する指令を発し、〝正常なる教育制度の可及的速やかなる再建〟を指示した。

この中には「教育内容」について、「⑴軍国主義的及び極端なる国家主義的イデオロギーの普及を禁止すること、軍事教育の学科及び教練は凡て廃止すること。⑵議会政治、国際平和、個人の権威の思想及び集会、言論、信教の自由の如き基本的人権の思想に合致する諸概念の教授及び実践の確立を奨励すること」などが含まれていた。

さらに一〇月から一二月にかけて、教職不適格者の追放と戦時中の弾圧で教壇を追われた教師の復職、三教科（修身・日本歴史・地理）の授業停止など、戦後教育改革の布石がGHQの指令に基づいて相次いで行われた。

同時に、こうしたGHQ主導の改革とあいまって、下からも教育の民主化・改革をめざす運動が組織されていったことが重要である。

アメリカ教育視察団と上からの教育改革

「日本国国民の間に於ける民主主義的傾向の復活強化に対する一切の障礙を除去すべし。言論、宗教思想の自由並に基本的人権の尊重は、確立せらるべし」とうたわれたポツダム宣言を受け入れた日本政府の教育改革は、墨塗り教科書問題でも露呈したように、アメリカ占領軍を満足させるものではなかった。

そこでＧＨＱの要請で、アメリカ本国から一九四六年三月六日、二七人のアメリカ教育使節団（団長イリノイ大学名誉総長・ニューヨーク州教育長官ストダート博士）が来日して約一カ月、日本の戦後教育の改革について日本側の教育家委員会（委員長南原繁、委員二九名）などと協議したり、各種教育機関を調査して報告書をまとめた。この報告書は、教育の目的・内容から教育制度（六・三・三制と義務教育九カ年や男女共学など）の提言までを含む上からの改革を提議したものであった。

この教育使節団の報告は「教育の目的」の中で次のように述べている。

日本の教育の建て直しが行はれる前に、民主政体における教育哲学の基礎がぜひとも明かにされなくてはならぬ。「民主主義」といふ言葉を絶えず繰り返したところで、それが内容をそなへてゐなければ無意味である。

民主政治下の生活のための教育制度は、個人の価値と尊厳を認めることが基になるであらう。それは各人の能力と適正に従つて、教育の機会を与へるやうに組織されるであらう。

〔略〕

教育は個人を、社会の責任ある協力的成員たらしめるやう準備すべきである。〔略〕新日本建設に当つて、個人は自らを労働者として、市民として並に人間として、発展せしめる知識を必要とするであらう。彼等は、社会の組織の種々な面に参加する社会の成員として、自由研究の精神においてその知識を応用することが必要であらう。これはすべて国際聯合憲章並に聯合国教育科学文化聯盟規約の草案に記された基本的原理と一致するものである。

（『史料　教育法』三〇七〜〇八ページ）

敗戦後の日本の教育改革に新しい方向を指し示した第一次米国教育使節団は、確かにアメリカ占領軍の総司令官マッカーサーの要請によってアメリカ本国から派遣された使節団であり、その報告書はまずマッカーサーに提出され、これに基づいて戦後教育改革の基本はGHQの指令という形で推進された。しかし、だからといって、戦後教育改革はアメリカ占領下における「押しつけ」であったと言うのはあまりにも短絡的すぎる。

このアメリカ教育使節団の報告書の問題点としては、次の三つのことが解明されなければならない。

その第一は、この報告書の背景にある国際的な教育改革の環境である。第二次世界大戦は言うまでもなく、先進資本主義国間の帝国主義的矛盾を孕みながらも、最終的にはファシズム（軍国主義）対民主主義（自由主義）の戦争として、後者の勝利で決着した。従って、教育の分野でも戦後改革の中心課題は、反ファシズム・反軍国主義を基調とする自由と民主主義、世界平和の建設でなければならなかった。このことを使節団の報告書は「すべて国際連合憲章並に連合国教育科学文化聯盟規約の草案に記された基本的原理と一致するものである」と言っているのである。言うならば、教育使節団の提起した教育改革の基本は、戦争とファシズムに反対して、個人の尊厳と自由を最大限に尊重する戦後民主主義の国際的到達点に立ったものである。

第二の問題は、こうした国際的な観点からだけではなく、日本国内における戦前の民主的教育運動の潮流が反映しているという側面を見る必要があるということである。教育使節団が来日すると、戦前の民主的教育運動（新興教育運動、生活綴り方教育運動）の流れを汲む教育関係者（羽仁五郎、小野俊一ら）による全日本教員組合（全教）の代表らが、後述のようにアメリカ使節団と会見し、日本の教育民主化についての報告書を提出したことなどがその代表的事例である。

しかし、第三の問題として、アメリカの日本単独占領の代償が「国体護持」であったが故に、日本軍国主義教育の根本に根づいていた天皇制や教育勅語については、使節団の報告書の中でもほとんど批判されることはなかったということである。天皇制や教育勅語の問題は、四六年一一月の新憲法の公布、四七年三月の教育基本法の制定、そして何よりも教育労働者の組合運動や教育研究活動の発展を待たなければならなかったのである。

占領下の憲法改正

一九四五年七月のポツダム宣言に接してからの日本政府の対応は、これまでいろいろな角度から見てきたように、ただただ敗戦責任をどれだけ内外に小さく見せるか、とりわけ最高の責任者である天皇の責任をどこまで免罪できるかに追われて、一五年にわたる侵略戦争への戦争責任には到底思いも至らなかった。そのことは、八月一五日に天皇が自ら述べた敗戦の証書の中で、「朕ハ茲ニ国体ヲ護持シ得テ忠良ナル爾臣民ノ赤誠ニ信倚シ常ニ爾臣民ト共ニ在リ」という言葉や、一七日に陸海軍人に述べた勅語にも「帝国陸海軍ノ闘魂尚烈々タルモノアルニ拘ラス光栄アル我国体護持ノ為朕ハ爰ニ米英並ニ重慶ト和ヲ媾セントス」とあることで明らかであろう。

従って、ポツダム宣言の内容を戦後の日本でどのように実現するかなどということを検討するどころではなかったのである。とりわけ、「日本国政府は、日本国国民の間に於ける民主主義的傾向の復活強化に対する一切の障礙を除去すべし。言論、宗教及思想の自由並に基本的人権の尊重は、確立せらるべし」という項目の真意については、明治以来一〇〇年近くにわたって天皇主権の専制政治の上に胡座を組んできた支配層にとって理解が及ばなかった、あるいは理解しようとも思わなかったのは当然だったであろう。従って、その具体的方策については何ほども考えなかったし、「国体護持」以外にはポツダム宣言受け入れの準備もしなかったのである。

一九四五年九月二日、米海軍「ミズーリー」艦上で日本の降伏文書に正式の調印が行われた。降伏文書には、天皇と日本国政府はポツダム宣言の条項を誠実に履行すること、宣言を実施するために発する一切の連合国最高司令官の命令に従うことが明示された。また、天皇及び日本政府の国家統治の権限は降伏条項を実施するために執る連合国最高司令官の制限の下に置かれることになった。

しかし日本政府は、前述のように国体が護持できるということを勝手に自認して、ポツダム宣言の実施も旧体制＝明治憲法の枠内でできると考え、特に日本の民主化の方向については、極力これを歪めようとしたのである。こうした日本政府の姿勢が明らかになると、さすがに間接統治方式を建前としたGHQも、ついに一〇月四日、いわゆる「人権指令」を発して、日本の戦後民主改革にメスを入れることになり、同時にマッカーサーは近衛国務相と会見し、憲法改正を示唆したのである。

この「人権指令」は、天皇・皇族・政府に関する自由な討議を認めるとともに、思想・宗教・集会・言論の自由を制限する治安維持法をはじめ国防保安法、軍機保護法などの法令・規則の廃止、すべての政治犯の即時釈放、特高などの秘密警察の廃止、内務大臣をはじめ内務官僚や特高の罷免などを含むものであった。このような天皇制の根幹にも触れる占領軍の民主化指令は、「国体護持内閣」であった東久邇内閣にとって晴天の霹靂であった。こうして、「国体護持」は不可能であることを悟った東久邇内閣は総辞職した。

同時に、これによって明治憲法下における日本の民主化は、国際的にも許されないということが分かって、日本の保守的支配層を含めて否応なしに改憲への模索が始まるのである。

一九四五年一二月一六日からモスクワで開かれた米・英・ソ三国外相会議は、対日占領機関としてワシントンに極東委員会を、東京に対日理事会（最高司令官の諮問機関）を設置することを決めた。そして日本の憲法制定については、あらかじめ極東委員会の同意を必要とすることにし、その第一回会合を二月二六日に開くことになった。ところが、極東委員会で憲法問題が論議されるということは、米国の対日単独占領支配を固定化するために天皇の権威を温存・活用しようとするＧＨＱと、日本の旧支配層（宮廷派）にとって、天皇の戦争責任について厳しい態度をとる中国・ソ連・豪州などを相手に、天皇の地位そのものの可否が国際的に問われるという意味でも、できるだけ回避しなければならない課題であった。

政府は一二月二七日、松本烝治国務相を中心に憲法問題調査会を設置し、翌四六年二月八日には憲法改正案要綱（松本案）をGHQに提出し、同時に議会で公表した。しかし、既に日本国憲法の改正問題は国の内外で戦後処理の課題の一つの焦点として論議され、とりわけ、同じ時期には民間の有識者（高野岩三郎、森戸辰男、鈴木安蔵など）による憲法研究会が憲法改正の具体的草案を発表したこともあって、政府案は各方面から手厳しい批判にさらされ、結局、GHQもこの政府案を全面的に拒否し、GHQ民生局が作成した憲法草案を幣原内閣を通して提示するということになったのである（二月一三日）。

このように当時〝ダークチェンジ〟といわれた大転換が行われたのは、GHQの意向を汲んだつもりの日本政府案が、平和と安全・民主主義復活と基本的人権の尊重を基調とした日本の再生を期待したポツダム宣言の趣旨を大きく逸脱し、ファシズム・軍国主義とたたかった世界の民主的常識とあまりにもかけ離れていたからである。

既に一二月に発表されていた憲法研究会の「憲法草案要綱」（二八日付新聞各紙）をはじめ各政党民間団体の間で憲法改正問題が俎上にのぼっていたが、政府提案の憲法草案（松本案）は、GHQの公文書でも「あらゆる政党、民間団体の諸草案のうちの最も保守的なものよりさらに保守的であった」といわれるほどのものであった[37]。

例えばいくつかの条文をあげると、次のようなものである。

第三条　天皇ハ至尊ニシテ侵スヘカラス〔天皇ハ神聖ニシテ侵スヘカラス〕

第一一条　天皇ハ軍ヲ統帥ス〔天皇ハ陸海軍ヲ統帥ス〕

第二八条　日本臣民ハ安寧秩序ヲ妨ケサル限リニ於イテ信教ノ自由ヲ有ス〔日本臣民ハ安寧秩序ヲ妨ケス及臣民タルノ義務ニ背カサル限リニ於テ信教ノ自由ヲ有ス〕

〔〕内は明治憲法の同じ条文である。これだけ見ても、他は推して知るべしである。一月一日の「人間宣言」で神の座を去った天皇にとって、国民は相変わらず臣民のままである。このような子ども騙しの修正で納得するほど占領軍は甘くなかった。まして、日本の戦後処理に国際的な責任を持つ極東委員会が始動する二月二六日は、目前に迫ってきていた。マッカーサーにとっては、極東委員会（一一カ国で構成）[38]が活動を開始する以前に、憲法改正の重要な枠組みを既成事実として確保する必要があったのである。

憲法改正草案要綱は三月六日に発表され、同時にマッカーサーは次のような声明を出した。

「この憲法は五カ月前に余が内閣に対して発した最初の指令以来、日本政府と連合軍最高司令部の関係者の間における労苦にみちた調査と数回に亙る会合の後に起草されたものである[39]」

下からの改革と教育基本法

教育学者で前都立大学総長の山住正己は、その著書『日本教育小史』(岩波新書、一九八七年)で、一九四六年のアメリカ教育使節団の報告書について、「これらの提言(引用者注:教育の目的・内容・方法から行政・教員養成・成人教育さらには国語の改革)を含む報告書は、占領軍によって日本に押しつけられたというより、人類のすぐれた教育遺産が、戦時下に文化・教育面で鎖国状態にあった日本に紹介されたと見た方がよい。これを読んで随喜の涙を流した教育関係者がいたのはとうぜんである」と書いた。そしてこの教育使節団に対して、「全教」の代表者たちが、日本教育界の保守的現状と民主的改革について報告書を提出したのは、教育の民主的改革をめざす日本国民の存在を示したという意味で重要なことであった。

日本国民による下からの教育改革運動は、天皇を頂点とする封建的・軍国主義的教育制度の改革にとどまらず、教育の基本的理念を国家権力による強制から、国民本位の人間解放の教育へと転換することであった。それは政治の根本的改革=新憲法の制定と一体となった平和と民主主義を願う国民的な運動によって実現できる性格のものであった。

戦後の日本の民主的教育改革は、アメリカ教育使節団の報告書を基調に、これに協力した日本側委員＝教育刷新委員会（委員長・安倍能成→南原繁）によって行われた。これによって制度的な民主化は、六・三・三制を基軸に一応整備されていったが、新しい教育の拠って立つところの教育理念をどこに求めるかということについては、いま一つ曖昧であった。

一九四六年一一月三日に公布された新憲法では、教育について「第二六条 ①すべて国民は、法律に定めるところにより、その能力に応じて、ひとしく教育を受ける権利を有する。②すべて国民は、法律に定めるところにより、その保護する子女に普通教育を受けさせる義務を負ふ。義務教育は、これを無償とする」と明確に規定した。このことは、教育については憲法上全く「教育」という言葉一つなかった明治憲法下の教育と、戦後日本の民主教育が根本的に異なることを象徴的に示している。

それでは、明治以後敗戦までの日本の教育理念は何だったのか。それは言うまでもなく教育勅語(40)だったのである。教育勅語は大日本帝国憲法が発布された翌年の一八九〇年一〇月三〇日に、天皇から文部大臣芳川顕正に下賜するという形で発布された。大日本帝国憲法（明治憲法）は「憲法発布勅語」とともに、内閣総理大臣黒田清隆をはじめ各大臣一〇名の副署がなされていたが、教育勅語には一人の大臣の副署もなく、明治天皇一人の考え（聖慮）で国民を諭すという形をとった。こうして教育勅語は、憲法上の内閣も議会もタッチできない唯一絶対の侵すことのできない権威をもって、国民の精神生活を金縛りにし、絶対主義天皇制の精神的・思想的支柱になったのである。

それにもかかわらず、戦後日本教育の民主的改革を目指すべき教育刷新委員会も、軍国主義教育に対しては批判的立場にあったはずの前田多聞、安倍能成、田中耕太郎各歴代文部大臣も、教育勅語の持つ天皇中心の封建的教育理念を全面的に否定できるほど、民主的で革新的とは言えなかったのである。

しかし、「我カ国体ノ精華ヲ」を謳歌し、「一旦緩急アレハ義勇公ニ奉シ以テ天壌無窮ノ皇運ヲ扶翼」することを「臣民」に要求する教育勅語の内容をそのままにしておくこともできなかった。そこで、歴代文相や南原繁などが要望したのは、教育勅語にかわる新しい天皇の詔勅を出すことであった。このような動きの背景には、ポツダム宣言受諾に際して旧日本の支配層が「国体護持」に固執し、アメリカ占領軍が天皇の地位保全を認めたことがあった。

アメリカ占領軍（ＧＨＱ）や日本の保守的支配層の思惑はどうであれ、第二次世界大戦で勝利した反ファシズムの国際世論（極東委員会に代表される）の圧力と、ようやく民主的な組織と政治的力量を蓄えてきた国民自らの運動で新しい「日本国憲法」が生まれたのは、一九四六年一一月であった。

新しい憲法は一一月三日に公布され、翌年五月三日から施行されたが、これで日本は憲法に主権在民、戦争放棄、国民の基本的人権尊重を掲げ、明治憲法下の大日本帝国とは全く異質の国家として生まれ変わったのである。

新憲法の制定により、「万世一系ノ天皇」が統治する日本の「国体」は遂に「変革」された。それではこの新憲法の制定過程で、古い「国体」を精神・思想面で支えてきた教育勅語はどうなったのであろうか。文部省はようやく一〇月八日、「勅語及詔書等の取扱について」という次のような内容の次官通達を出した。①教育勅語を我が国教育の唯一の淵源とはしない。②式日等において教育勅語を読まない。③勅語及び詔書の保管及び奉読に当たっては神格化するような取り扱いをしない。(41)

日本国憲法の審議過程では、衆議院の委員会で社会党の杉本勝次委員が次のように言って政府の見解を質した。

前内閣の安倍文部大臣においてはこの時代に即した新しい教育勅語の渙発ということについて御考慮になっておったようであるが、それについては詔勅の内容がいかに民主的であっても、詔勅の形式によって新教育の理念を規定するということは、それ自体が非民主主義的であるというような声もあって、今日までその実現を見ておらないけれども、この際この新しい憲法が制定されるに当って、わが国の教育の向うべきところの基本的な方向を明かにし、特に教育憲章ともいうべき一箇条を掲げることは、この新しい教育の理念が憲法上の保障を受けるゆえんとなり、まことに喜ばしいことであると確信する。[42]

これに対して田中耕太郎文相は、「憲法の性質上道徳及び教育の原理というようなものは憲法の中に入るべきものではない」と答えたが、一方で「文部省において教育に関する大方針及び学校系統の主な制度について教育根本法ともいうべきものを早急に立案して議会の協賛をえたい」と述べたという。[43]

貴族院の特別委員会では、五人の委員によって教育勅語の問題が取り上げられたが、ここで南原繁委員が、教育勅語にかわるべきものができることを希望する、という意見を述べたのに対して、田中文相は「新憲法が実施される暁に於て、教育勅語の新しいものが更にだされうるかといふ問題」については研究させていただきたい、と答えている。また政府が教育勅語に対してどのような措置をとるかという問題について、大河内委員の質問に対して、田中文相は次のように答弁した。

従来ノ教育勅語ニ対シマスルアルイハ政府ナリ或イハ国民ノ態度一般ガ必ズシモ正シク

ナカツタトイフコトニツキマシテハ、コレハ終戦後ノ文部省トイタシマシテハ、ソレハ是正シ、殊ニ元旦ノ御詔書ノ精神ニ則リマシテ、ツマリ天皇ヲ神ノヤウニ考ヘルトイフ考へ、従ツテ教育勅語ヲ神ノ言葉トシテ見ルトイフヤウナ態度モ、是正シナケレバナラヌトイフコトハ極力努力シテ居ル次第デゴザイマス。〔略〕特ニ文部省トイタシマシテ仮リニ教育勅語ガ……新シイ勅語ニヨツテソノ中味ガ変ヘラレルダラウトイフヤウナコトヲ明カニ国民ニ示シマスト、……今マデノ日本ノ培カハレテ居リマシタトコロノ、サウシテマタ世界人類ノ普遍的ナ道徳確信ニモ一致スルモノマデ間違ツテ居ルノダトイフ感ジヲ抱カセル危険ガ甚ダ多イノデアリマス。……従ツテサウイフ意味ニオキマシテ、文部省トイタシマシテハ、新タナル教育勅語ヲ奏請スルトイフヤウナ意思ヲ今日モツテ居ルワケデハアリマセヌ。タダシカシコレニツキマシテハイロイロ各方面ノ意見モゴザイマスコトデ、ソレカラ米国教育使節団ト御協力スルタメニ設ケラレマシタトコロノ日本側ノ委員会……マタ教育刷新委員会ニモ諮リマシテ善処イタシタイト思ヒマス。(44)

なんとも曖昧で要領を得ない答弁であるが、結局、内外の世論の動きを見て「善処」するということであった。こうした中ではっきりしてきたのは、田中文部大臣が答弁の中で教育に関する大方針について「教育根本法ともいうべきもの」を立案したいと述べたように、教育勅語にかわる、何らかの教育に関する方針を立案せざるを得なくなるような時代の要請があったということである。

平和と民主主義を政治の根幹に据えた新しい日本国憲法のもとで、どのような教育理念を確立すべきか。基本的人権の一つとして憲法に規定された憲法二六条の内容を、具体的にどのように保障していくのか。教育根本法＝教育基本法で明文化する必要が、いよいよ明らかになったのである。

一九四六年九月七日に第一回委員会を開いた教育刷新委員会（委員長安倍能成、副委員長南原繁、他に務台理作、森戸辰男などの委員）は、一二月二七日の第一三回総会で決議し、内閣総理大臣に「教育の理念及び教育基本法にかんすること」を建議した。

この建議では、「教育の目的」について「教育は、人間性の開発をめざし、民主的平和的な国家及び社会の形成者として、真理と正義とを愛し、個人の尊厳をたっとび、勤労と協和とを重んずる、心身共に健康な国民の育成を期するにあること」と述べ、さらに教育基本法には「新憲法の改正に伴う民主的文化国家の建設が教育の力にまつことをのべ、新教育の方向を示すこと」と念をおしたうえ、基本法の案文まで添えてあったのである。

こうした建議をもとに、政府の教育基本法案（ほとんど案文通りといわれる）は国会に提出され、衆議院及び貴族院の議を経て成立し、四七年三月三一日に公布、即日実施された。

ところが教育基本法の審議過程で、繰り返し問題になった「教育基本法ができたら教育勅語はどうなるか」ということは未解決のままであった。保守派委員のこうした質問に対する高橋誠一郎文相の答えは、極めて曖昧なままであった。「私も教育勅語とこの教育基本法との間には、矛盾と称すべきものはないのではないかと考えている」とか、教育勅語は「日本国憲法の施行と同時に、これと牴触する部分についてはその効力を失うが、その他の部分は両立するものと考える」とか答弁するにとどまった。[45]

教育現場から教育勅語が名実ともにその形骸も含めて姿を消すのは、教育基本法が施行されて一年三カ月後の、一九四八年六月一九日、衆参両院でそれぞれ「教育勅語等の排除に関する決議」、「教育勅語等の失効確認に関する決議」が採択されてからであった。

下からの教育改革を支えた主体の形成

教育基本法で「人格の完成をめざし、平和的な国家及び社会の形成者として、真理と正義を愛し、個人の価値をたっとび、勤労と責任を重んじ、自主的精神に充ちた心身ともに健康な国民」（教育基本法・第一条）として育てられることを保障された子どもたちは、その数年前の戦時下にはどのような状態に置かれていたのであろうか。

明治期以来、日本の小学校教育は「児童身体ノ発達ニ留意シテ道徳教育及国民教育ノ基礎並其生活ニ必須ナル普通ノ知識技能ヲ授クルヲ以テ本旨ト[46]」して行ってきた。ところが、いよいよ太平洋戦争開戦が不可避となる一九四一（昭和一六）年三月一日、国民学校令（勅令）でこれまでの小学校を「皇国ノ道ニ則リテ初等普通教育ヲ施シ国民ノ基礎的錬成ヲ為スヲ目的ト[47]」する国民学校に変え、義務教育も六年から八年に延長した。

道徳的にも、日本国民（臣民）としても、立派な人間として育つように、知識や技能を授けるという小学校教育が、皇国＝天皇制国家を支えるための皇民を錬成する教育にはっきり位置づけられたのである。

ところが実際に四一年一二月、「皇国」が太平洋戦争に突入し、緒戦の連戦連勝にもかかわらず、四二年六月のミッドウェー海戦から四三年二月の日本軍ガダルカナル島撤退開始と戦局が日本軍不利の局面に転回しはじめると、四二年八月、早くも日本政府は、中等学校・高等学校・大学予科の修業年限短縮を閣議決定した。そして、四三年一〇月には「在学徴集延期臨時特例」（勅令）によって、学生生徒の徴兵猶予を廃止した。

日本の敗戦が決定的になった一九四四年七月、東条内閣は総辞職し小磯内閣ができたが、それに先立つ二月、政府は「国民学校令戦時特例」（勅令）によって、国民学校令でせっかく決めた義務教育の年限八年を、「大東亜戦争」に際して時局に即応するということを理由に再び六年に戻してしまった。なぜこうまでして、子どもたちの学習の場を奪わなければならなかったのか。その答えは、次のように政府自らが出している。

決戦非常措置要綱〈抄〉（一九四四・二・二五　閣議決定）　〔原文カタカナ〕

決戦の現段階に即応し国民即戦士の覚悟に徹し国を挙げて精進刻苦その総力を直接戦力増進の一点に集中し当面の各緊要施策の急速徹底を図るの他先づ左の非常措置を講ず

一、学徒動員態勢の徹底

（1）原則として中等学校程度以上の学生生徒は総べて今後一箇年常時これら勤労その他非常任務にも出動せしめ得る組織的態勢に置き必要に応じ随時活発なる動員を実施す

（2）理科系のものはその専門に応じ概ねこれを軍関係工場、病院等の職場に配置して勤労に従事せしむ

（3）学校校舎は必要に応じこれを軍需工場とし又は軍用非常倉庫用、非常病院用、避難住宅用その他緊要の用途に転用〔下略〕

もはや天皇にも、軍にも、国家にも、戦争の惨禍から子どもたちを守るなどという視点は全くなく、中等学校以上（一二歳以上）の子どもは戦士（戦力）として、必要に応じて勤労その

他非常任務に動員することにしたのである。

一〇月には陸軍特別志願兵令が改正され、一七歳未満の少年も志願兵になることを許可され、一七歳以上の少年兵は正式に兵籍に編入されることになった。

四五年に入ると、小磯国昭首相は「本土決戦」の声明を出したが、三月九～一〇日に東京、一四日に大阪が大空襲され、両市で三六万戸が焼失（死者一〇万人以上）した。三月一八日政府は全学徒を総動員するため、国民学校初等科を除き学校における授業を停止することを閣議決定した。その内容は次の通りであった。

決戦教育措置要綱（昭和二〇年三月一八日　閣議決定）　〔原文カタカナ〕

第一　方　針

現下緊迫せる事態に即応する為学徒をして国民防衛の一翼たらしむると共に真摯生産の中核たらしむる為左の措置を講ずるものとす

第二　措　置

一　全学徒を食料増産、軍需生産、防空防衛、重要研究其の他直接決戦に緊要なる業務に総動員す

二　右目的達成の為国民学校初等科を除き学校に於ける授業は昭和二十年四月一日より

昭和二十一年三月三十一日に至る期間原則として之を停止す
国民学校初等科にして特定の地域に在るものに対しては昭和二十年三月十六日閣議決定学童疎開強化要綱ノ趣旨に依リ措置ス〔以下略〕

四月一日、米軍が沖縄本島に上陸、本格的に沖縄戦が始まると、局面の打開に確信が持てない小磯内閣は五日総辞職し、鈴木貫太郎内閣ができた。鈴木内閣と近衛文麿、木戸幸一など天皇側近グループは、敗戦必至の状況の中で、一方では「国体護持」のための戦争終結を模索しながら、他方で国民に対しては「本土決戦・一億玉砕」を叫び、国民学校を卒業した六五歳以下の男子・四五歳以下の女子を国民義勇隊（後に国民義勇戦闘隊）に組織し、戦場化する本土の決戦に備えた。そのために、五月二二日に勅令で「戦時教育令」を公布。国民学校を卒業した子どもは学校毎、職場毎に学徒隊に組

捕虜となり，米軍政要員の訊問を受ける鉄血勤皇隊員（琉球新報社提供，大田昌秀編著『写真記録　これが沖縄戦だ』より）

織され、「戦時ニ緊切ナル要務ニ挺身」させられることになった。

この「戦時教育令」は、子どもたちに次のように命令した。「学徒ハ尽忠以テ国運ヲ双肩ニ担ヒ戦時ニ緊切ナル要務ニ挺身シ平素鍛錬セル教育ノ成果ヲ遺憾ナク発揮スルト共ニ智能ノ錬磨ニ力ムルヲ以テ本分トスベシ」(戦時教育令・第一条)

学徒隊に組織された沖縄の一二歳以上の子どもたちは、戦争がどのようなものかも知らずに、ただ天皇の命ずるままに、「鉄血勤皇隊」、「白梅隊」、「ひめゆり部隊」として戦場に投げ出され「護国の鬼」となったのである。

そして、学校教職員は「率先垂範学徒ト共ニ戦時ニ緊切ナル要務ニ挺身シ倶学倶進以テ学徒ノ薫化啓導ノ任ヲ全ウスベシ」(同・第二条)と命令されたのである。ここでいう戦時に「緊切ナル要務」というのは、「食糧増産、軍需生産、防空防衛、重要研究等」(同・第三条)であった。これらの要務に従事することは当然戦死を予定したもので、「死亡シ若ハ傷痍ヲ受ケた者は卒業させることができるとした(同・第五条)。こうして「動員された学徒は敗戦時には約三四〇万にのぼり、動員による死者一万九六六人、傷病者九七九八人を出した(48)」といわれる。

天皇制軍国主義の敗北により第二次世界大戦は終わったが、戦争が終わるその土壇場まで、日本の一般国民は、とりわけ「少国民」といわれた少年少女までも、全く国家・国軍の庇護を受けることなく、逆に神国日本・天皇制軍国主義の楯（戦前戦中は「醜《しこ》の御楯《みたて》」といわれた(49)）として戦場に投げ込まれたのである。

このように、子どもたちにまで無謀な犠牲を強要する戦時教育に「無批判的盲従を強制され」、「生徒の柔らかい頭に帝国主義奴隷主義をたたきこんだ(50)」ことを痛恨の思いで反省した一部の良心的教師・教育関係者は、敗戦後一〇日経った八月二五日、東京銀座の貿易会館で自由懇話会の発起人会を開き、教育民主化の組織化について話し合った。次いで一〇月一日、同会館大ホールで自由懇話会の発会式を開催した。

この自由懇話会の理事新島繁や渡会《わたらい》秋高は、長谷川正三、小野俊一らとともに一一月一八日から全日本教員組合（全教）結成の準備に入り、一二月一日に神田教育会館で結成大会を開いた。この全教の代表者が来日したアメリカ教育使節団に対して日本の教育の民主化についての報告書を提出したことは、既に述べた通りであるが、この報告書の中で、日本教育民主主義化の緊急方策、教育における人民主権、さらには文部省の戦争責任の追及や、一学級二〇名以下による教育内容の向上についても述べていることは、これらの教師・教育関係者がどんなに真剣に戦後の民主教育の再建に取り組もうとしたかを示している。

下からの自主的・自覚的な民主的教育改革の要求と運動は、全教だけでなく、四月に結成された民主主義教育研究会（民教）をはじめ、民主主義科学者協会、全国父兄会、日本民主主義文化連盟、全日本農民連盟、部落解放同盟など約三〇団体が参加する教育共闘が発展するまでになったのである。

勝田守一は『教育基本法』（宮原誠一編）に寄せた「教育基本法はどうしてできたか」という論文の結論（同書五五ページ）として次のように述べている。「『国民の代表者』によって採択された『教育基本法』は、二〇年近くの歳月のあいだに、それをたいせつに思う人びとの数を増しただけではなかった。『国民の代表』のあるものがその支持に熱意を失ったのに反比例して、国民自身が『盛り上がる熱意をもって』これをたいせつにしようとする度合いはしだいに深くなっている。これが歴史の歩みであろうか」

勝田守一が、教育基本法が制定されて二〇年近くの歳月が経って書いた文章を、それからさらに四〇年も経った二〇〇六年の今日読んでも、全く歳月の隔たりを感じないのはなぜであろうか。

●第四章●

「教え子を再び戦場に送らない」教職員の運動

民主的教育労働運動の発展

戦後の民主主義的な教育の創造は、戦前の教労（日本教育労働者組合）や新興教育（新興教育研究所）、生活綴り方などの民間教育運動[51]に参加しながら弾圧され、逼塞させられていた教師や教育関係者たちによって始められた。彼らは既述したように、敗戦直後の八月二五日、早くも自由懇話会に結集して、一二月一日には全日本教員組合（全教）を結成した。戦後最初の、まだ労働組合法が国会で成立する以前の、教育関係者による労働組合であった。

全教はその結成要綱（案）[52]で冒頭、「敗戦を契機として、新生日本建設の革新運動は凡ゆる階層に澎湃として起こりつつある。日本教育の向かうべき道は此の民主主義革命の中に指示されているのだ。封建的なる支配の強力なる手段として奉仕して来た教育を人民自らの手に取り戻すべき時機が到来したのだ」と唱え、最後に「我々教師が、今日教育に課せられたる偉大なる任務を達成せんが為には、先ず自力に依って、全国四〇万の自らを大同団結し、その組織の力として、民主主義的教師の立場を主張し、正常なる生活を獲得せねばならぬ。我等はここに、全国的単一的教員組合たる全国教員組合（仮称）を結成し、民主主義教育の勝利の礎石を確立せんとするものである」と結んだ。

さらに同日発表された「全日本教員に訴う[53]」という全日本教員組合結成趣意書（案）では、教職員は「戦争前から生活に追われ軍国的封建的強圧によって盲従をしいられてきた」が、「今や如何なる権力にもおもねることなしに敢然と教育の理想と児童への愛情を貫かねばならぬ」と訴えた。そして、「かくして吾々は教育者として各自の理想を夫々の教壇に於て実現せしめる条件をつくり出すことが可能である。又それ故にその諸要求は教育民主化遂行の必然的要請に出づるものである。従って吾々の組合はいかなる政治的党派、思想的傾向にある人々をも包含してゆかなければならぬ。それによってまた全国四十万の教員を例外なく参加させることができるのである」と呼びかけた。

このような民主的な教育労働者の組織化は、戦後の平和と民主主義をめざす教育運動の源流をなすものとして重要な役割を果たしたのである。しかしながら、全教が組合員の政治的・思想的立場の違いを越えて、全国的単一的教員組合の結成を指向したにもかかわらず、戦中の社会大衆党の流れを汲む賀川豊彦や河野密などによって、日本社会党（一一月二日結成、委員長欠、書記長片山哲）を支持する日本教育者組合（日教）が、全教が生まれた翌日の一二月二日に結成されたことによって、全国単一の教員組織は実現しなかった。教育労働者が全国単一の労働組合として総結集できるのは、一九四七年の日本教職員組合（日教組）の結成まで待たなければならなかったのである。

福岡県における教員組合結成の動き

全国の組合結成の動きと歩調を合わせて、福岡県で最初の県単位の教員の組織として誕生したのは、久留米・遠賀・福岡の有志によって準備され、一九四六年三月二四日に結成大会が開かれた「福岡県教員組合」（福教）であった。そしてその中心になったのは久留米の山川康人であった。

山川康人は福岡市立福岡商業学校の教諭であったが、一九三九年一月に治安維持法違反で検挙・起訴され、一一月に退職、敗戦まで日炭高松炭鉱で働いていた。福教ができると山川は組合書記に選出されたが、四月二六日に福岡県教員組合連合会（各郡市単位教員組合の連合会）が結成され、福教も解体してこれに参加することになった時、山川も教組運動から退くことになった。こうした経緯に関連して『福岡県教組20年』は次のように書いている。「この新組合結成の際、福教時代に書記の重責を担っていた山川康人が現職でないことや共産党員であるという理由で組織から姿を消すことになった。しかし結成までの功労に対して感謝決議が行われ、山川の功績がたたえられた[54]」

結成当時から複雑な組織経過を辿った福岡の教育労働者の組合も、一九四六年一〇月二八日には「福岡県教員組合協議会」(福教協=国民学校教員組合連合会・中等教員組合・青年学校教員組合)を結成し、県知事との間に労働協約の締結や最低賃金制の闘争を進めることができるようになった。

福教協が結成された四六年一〇月は、戦後最初の労働運動の高揚期であった。それは同年九月の国鉄と海員の首切り反対闘争に始まり、一〇月には産別会議が主軸になって、首切り「合理化」政策粉砕と賃金引き上げを中心にして、産業別の統一闘争を展開するようになった。この「十月闘争」は、東芝労連が首切り反対・最低賃金制などを要求してストライキに突入したのを皮切りに、新聞・放送労組、全炭、機械、化学、鉄鋼、電工、印刷出版・映画演劇と総同盟・中立労連も巻き込み、最後は電気産業労働組合協議会が加わって電産型賃金体系をかちとるなど労働者側の勝利に終わっただけでなく、ほとんどの組合が統一団体協約を締結することに成功した。

なお、日本国憲法は既に一一月三日に公布され、翌年五月三日の施行を待つだけになっていたが、この新しい憲法には第二八条として「勤労者の団結する権利及び団体交渉その他の団体行動をする権利は、これを保障する」（傍点引用者）と勤労者（労働者、農民その他働く人々）の団結権を明確に保障している。いわゆる憲法の「マッカーサー草案」といわれるものが、第二六条で「労働者カ団結、商議及集団行為ヲ為ス権利ハ之ヲ保障ス」（傍点引用者）と規定しているのと比べれば、その違いは明らかであろう。参考までに『広辞苑』によれば、「商議」とは「（「商」は意見をはかる意）相談すること。協議」、「交渉」は「①相手と取り決めるために話し合うこと。かけあい。談判。②かかりあい。関係」である。

このような違いが生まれたのは、これまで見てきたように、敗戦直後から動きだした日本の自覚的な人々の立ち上がりと、極東委員会をはじめとする反ファシズムの国際的圧力なしには考えられないことであった。因みに極東委員会は、四六年一二月六日に「日本の労働組合に関する一六原則」を決定し、戦後日本の民主化の一環としての労働政策を明らかにした[55]。

首切り阻止、大幅賃上げ、労働者の諸権利獲得などで成果をかちとった産別の一〇月闘争は、産別加盟の日教労に最低生活権獲得全国教員組合（全教組）結成を促すことになった。全教組結成大会は一〇月一八日に、二九都道府県・三三組合・組合員約三三万人を代表する約三〇〇名の代表が東京に集まって開かれ、次の七項目の要求を決定した。

一、最低俸給六〇〇〇円支給　二、地方差の撤廃　三、男女の差別待遇撤廃

四、特別勤務地手当五割支給　五、馘首絶対反対　六、五〇〇〇円封鎖枠撤廃

七、勤労所得税基礎控除額を一五〇〇〇円に引き上げ

全教組は一一月二六日に全逓、国鉄などとともに、二六〇万人の公務員労働者を結集した全官公庁労組共同闘争委員会（全官公、議長井伊弥四郎）を発足させ、同時に父母にも働きかけて、一二月一日には「人民広場」で二万人の全国父兄大会を成功させた。

一九四七年に入ると、「全官公」は二月一日からゼネストを行うことを決定し、全教協（全教組と中立系の「西日本教員組合協議会」で四六年一二月二二日結成、三二万人）も一月一四日に田中文相にゼネストの最後通告を行い、翌日の一五日には全官公、産別、総同盟、日労会議など約四〇〇万人の労働者を結集して「全国労組共同闘争委員会」（全闘）が結成された。

全教協もゼネストが近づくと準備に取りかかるが、子どもを預かる教育労働者としてどうストライキをたたかうかという課題について、その後の教育労働運動における大変示唆にとんだ方針がとられたことを、湯浅晃は『戦後教育労働運動の歴史』（新日本新書、一九八二年）の中で次のように書いている。

全教協は、一月二十五日から準備スト（業務管理闘争）にはいったが、そのスト実行計

画をみると、当時教職員のスト権は認められていたが、街頭宣伝、ビラ・ポスターの配布、父兄・教員の合同大会など、父母・国民への働きかけを非常に重視していたこと、さらに「絶対職場をあけない」(「週刊教育新聞」一九四七年一月二十日)ことを提起していたことは、今日からみて注目に値する。(二七ページ)

「二・一スト」は周知ように、アメリカ占領軍マッカーサー総司令官の命令によって強権的に中止させられたが、そのことは、戦後日本の労働運動だけではなく、平和と独立を願う日本国民にとって測り知れない教訓を残した。それは、「二・一スト」の前夜、総司令部(GHQ)によって軟禁状態に置かれたままラジオのマイクを通じてスト中止を伝達した全官公庁共闘議長伊井弥四郎の涙とともに訴えた最後の言葉に凝縮されていた。

「わたくしは、いま一歩退却、二歩前進ということばを思い出します。わたくしは声を大にして、日本の働く労働者、農民のために万歳をとなえて、放送を終わることにします。労働者農民万歳! われわれは団結せねばならない!」

二・一ゼネストはアメリカ占領軍の超憲法的な命令によって中止させられたが、ストライキによって獲得しようとした日本の労働者の要求の多くが実現することができたことも忘れてはならない。官公庁労働者の労働条件は大幅に改善され、給与水準は六〇〇円から一二〇〇円べースに引き上げられたし、各労働組合は次々に労働協約（団体協約）を獲得し、これが民間にも普及して、やがて六月末には、組織労働者の約九〇％が団体協約を結ぶようになった(56)。

また、二・一ストを目指した労働組合の巨大な統一行動は、ゼネスト中止後も労働戦線の統一をいっそう推し進めることになった。その結果、四七年三月一〇日に全国労働組合連絡協議会（全労連）が結成され、産別会議・総同盟をはじめ当時の組織労働者の八四％、四四六万人を結集し、「自主性を尊重する連絡協議機関」として発足した、日本で最初の全国単一ナショナルセンターの役割を果たすものとなった。

日本教職員組合（日教組）の結成

二・一ゼネストの余波が収まった頃、前年末に招集されて休会中だった第九二回帝国議会（旧憲法下最後の帝国議会）が二月一四日に再開され、新憲法実施に伴う民主的諸改革のための諸法案が提出された。この議会では、国会法・内閣法・地方自治法などとともに教育基本法や学校教育法も制定され、戦後民主教育の理念と制度的保障（六・三制）が確立した。このような教育上の大きな変化により、全労連の結成に見られる労働戦線の統一にも励まされて、教育労働組合の運動も全国的な統一に向けて大きく前進することになった。

こうして、四七年六月八日に全教協・全教連・大学高専協が大同団結して、奈良県橿原市で四三都道府県八四五人の代議員（大会傍聴者一万人）の参加のもと、日本教職員組合（日教組、組合員五〇万人）が結成されたのである。初代の委員長には荒木正三郎（大阪、全教協委員長）が選出され、宣言・決議とともに次の三項目の綱領を採択した。

一、われらは、重大なる職責を完うするため、経済的、社会的、政治的地位を確立する。
一、われらは、教育の民主化と研究の自由の獲得に邁進する。
一、われらは、平和と自由とを愛する民主国家建設のために団結する。

義務教育年限をそれまでの小学校六年から中学校三年までの九年間に延長した六・三制は、その上に高等学校三年、大学四年を置くという所謂六・三・三・四年制の新教育制度の土台として、第一次アメリカ教育使節団の報告書を基礎にしながらも日本側教育刷新委員会（会長安倍能成、のち南原繁）の自主的検討のもとで、新憲法と教育基本法の精神に沿って誕生したものであった。とりわけ、教育基本法の第一〇条に「教育は、不当な支配に服することなく、国民全体に対し直接に責任を負って行わるべきものである」と明記したことは、国家主義・軍国主義に奉仕させられた戦前の教育への痛切な反省の上に立つものであり、民主的な学校制度・

平和的な教育内容を発展させる根幹をなすものであった。

にもかかわらず戦後教育の民主化は、二つの要因によって茨の道を歩き続けなければならなかった。

その一つは、敗戦による日本経済の崩壊、すなわち物質的窮乏と「飢餓」の問題であった。これを学校教育に限ってみれば、戦災による学校不足・教室不足（二部授業・青空教室）、食糧不足、児童・生徒・教員の飢餓の問題等々、問題は山積みしていたが、当時の政府は、例えば、文部省が新制中学校の建設のための予算として六八億四五〇〇万円を計上したのに対して、大蔵省ではわずか八億円にまで削減してしまうという有り様であった。

もう一つの要因は、二・一スト中止命令で顕在化したアメリカ占領軍による対日占領政策の転換であった。「日本国国民を欺瞞し世界を征服しようとした者（戦争犯罪人）の権力とその勢力を永久になくす」ことを必要としたポツダム宣言を完全実施するために制定された日本国憲法と教育基本法が施行され、日本の戦後改革が軌道に乗ろうとしたまさにその頃、アメリカの対日占領政策は大きく右カーブを切ったのである。

戦争中、軍国主義教育の拠点であったのは、「帝国教育会」（戦後「日本教育会」）であったが、日教組は一九四八年にこれを解散させることに成功した。引き続き日教組は増俸（賃上げ）、男女の格差是正で一定の成果をあげるとともに、反共分裂主義（産別民主化同盟の策動）

を克服し、六月一七日には、社・共両党、産別、総同盟、日農、学生自治会連合など、中央・地方の八十余団体を結集して「中央教育復興会議」を発足させることに成功し、当時の芦田内閣（社会・民主・国協三党連立、労働大臣加藤勘十）と直接対決することになった。

このような時、既に一月にロイヤル陸軍長官によって「日本を全体主義〔共産主義〕に対する防壁にする」というアメリカの政策転換を受けて、対日占領政策の転換を図っていたマッカーサーは、七月二二日芦田首相に書簡を送り、公務員労働者の団体交渉権・争議権を奪うことを内容とした公務員制度の抜本的改革を指示した。

芦田内閣はこの書簡に基づく政令二〇一号を公布施行して、国及び地方公務員の団体交渉・争議行為を禁止した。これに対して共産党・産別会議・全労連は、この措置はポツダム宣言違反であると批判し、国鉄・全逓・日教組などは「非常事態宣言」を出して、政令二〇一号反対を展開した。しかし、社会党・総同盟がこれを容認したため、労働戦線は再び分裂することになった。

結局、政令二〇一号は一九五二年四月の講和条約発効後に改定国公法・公労法に引き継がれたが、労働基本権を規定した憲法二八条との矛盾は基本的に解決されることなく、労働組合運動にとっては今日まで最重要課題の一つとして残されたままである。

福岡県教職員組合の結成

二・一ストの直後から全国教組一本化の動きが活発化すると、福岡県下でも教全連加盟の小学校教組と全教協加盟の中等学校教組を中心に、大学・高専、青年学校、中学校を含めた単一体結成の話し合いが進められた。

しかし、こうした動きも、一九四七年四月の六・三制、四八年新高校発足という新教育制度への移行に伴う教職員の配置や新給与体系めぐる見解の対立、公選教育委員選出問題のこじれなどで単一化は実現せず、五〇年一一月三〇日、義務教育教職員は福岡県教職員組合（福教組）を結成し、高教組（一九四八年四月、福岡中等教組から福高教組に移行）とは協議会を持つことになった。

ただこの間、全国的な教育復興闘争と結びついた最低生活保障給の対県要求を行って、四八年三月一九日に二四時間ストを決定した際、福岡軍政部のライマンが福教組中闘委員長豊瀬禎一に圧力をかけ、「スト中止を『勧告』してきた」[57]ため、ストが未発に終わったことは、マッカーサー書簡＝政令二〇一号の前触れとして、記憶されなければならないであろう。

なお福岡高教組が、四八年八月七日付機関紙「高教情報」で「『マ書簡によって組合運動が弾圧された……』と書いたため、これがプレス・コード違反としてCIEから指摘された事件があった[58]」。結局この事件は、高教組の「責任者三名が上京命令をうけインボーデン少佐から脅迫され陳謝させられるという一幕があった[59]」ということも付け加えておこう。

福教組と福高教組の民主教育確立、教育復興の闘争は広範な労働組合、民主団体、PTAをはじめとする父母と提携しながら前進していったが、アメリカ占領軍の対日政策転換とそれに追随する日本政府の反動攻勢にもかかわらず、教育復興の国民的運動を展開したのは勿論福岡だけではなかった。日教組は一九四七年から四八年にかけて革新的民主勢力と提携して、最低賃金制実施、団体協約締結、六・三・三制新教育制度完全実施及び教科書の民主化などを掲げて芦田内閣と対決し、地域闘争を推し進めた。大阪・群馬・秋田・京都・兵庫・山口などの府県教組はストライキを決議し、ストライキ決行に至らなかった組織も含めて、増俸、男女格差の是正など一定の成果をかちとった。

こうした闘いの中で日教組は、社・共両党、産別、電産、総同盟、日農、学生自治会連合（全学連）など八十余団体を結集して、一九四八年六月一七日に中央教育復興会議を発足させたのである。会議は議長に荒木正三郎日教組委員長を選び、〝教育の復興が生産の復興と民族の独立の基礎であり、文化国家建設の大きなカギである〟とし、六・三制完全実施のための教育予算などを要求して運動を展開した。

こうした国民的な運動の広がりに対して、アメリカ占領軍に追随する芦田内閣は、既に見たようにマッカーサー書簡に基づく政令二〇一号を公布し、一〇月一九日、芦田内閣に変わった第二次吉田茂内閣は、一一月三〇日に改正国家公務員法を公布し、公務員の労働基本権の否認、人事院の設置、政治活動の禁止を法制化した。

第二次吉田内閣は、アメリカ占領軍の強力な指導のもとで「行政整理」、「企業整備」を強行し、官民企業の労働者の大量な整理・首切りを行った。首切り反対に立ち上がった労働者に対しては「下山・三鷹・松川」などの事件を口実に弾圧を加え、労働組合を分裂させ、懐柔して闘争力を奪った。

下山事件は結局、「迷宮入り」ということになったが、松川事件については事件の翌日、時の官房長官増田甲子七が「今回の列車転覆事件は、集団組織をもってした計画的妨害と推定される。〔略〕今回の事件の思想傾向は、窮極において行政整理実施以来惹起した幾多の事件と同一の傾向のものだ」と言明したにもかかわらず、三鷹事件は一一人の被告人のうち一〇人（全員共産党員）は、「共産党員の陰謀は空中楼閣にすぎない」として無罪になり（東京地裁）、松川事件は一四年の裁判闘争の後、国鉄・東芝二〇名の労働者の無罪が確定（最高裁、一九六三年九月一二日）した。

これらの事件は、〝日本を反共の砦にする〟ために、共産党とその影響下にあった労働組合や民主団体を根こそぎ葬るための、アメリカ占領軍と吉田内閣による謀略事件であったが、一九四九年に入り中国の内戦で中国共産党が勝利し、一〇月一日に中華人民共和国が成立すると、日本国内における民主勢力、労働運動に対する攻撃は一層激しさを増し、とりわけ共産党の非合法化を意図した策動を開始した。その具体的な現れが、四九年七月一九日に新潟大学で行ったGHQ民間教育顧問イールズの反共演説であった。

イールズは新潟大学の開学式に出席し、長々と反共演説をぶった上、「真の学問の自由を守り共産党員が教授団に加わるのを拒絶するのは、大学の権利であるとともにまた義務でもある」と煽動したのである。

レッド・パージから講和会議へ

イールズは新潟大学だけではなく、その後全国の三十余りの大学で同じような演説をして回ったが、多くの大学では大学の自治と学問の自由を守る立場からの大学教職員や学生の反撃にあい、事実上大学でのレッド・パージは阻止された。しかし文部省は、四九年九月二八日に全国教育長会議を開き、各都道府県教育委員会の責任で、「赤色教員」の追放を行うよう指示したのである。日教組は一〇月六日、〝レッド・パージ反対〟声明を出したが、具体的な反対闘争は組織できなかったばかりか、自ら主導した中央教育復興会議からも脱退してしまった。「こうして、教育界のレッド・パージは一七〇〇名にのぼる」[60]といわれた。

教育復興会議の脱退などを決定した四九年一一月の塩原大会は、日教組の「方向転換」を示すものだった。

全日本産業別労働組合会議（産別会議）事務局長を務め、自らも電産福岡県支部委員長としてレッド・パージにあった高倉金一郎は、その編著書『切られたばってん――資料レッドパージ』（一九八〇年）の序文で次のように述べている。

一九四九年から五〇年にかけて、アメリカ占領軍の指揮のもとに、大がかりなレッド・パージがおこなわれた。行政整理（政府の整理計画二六七、三〇〇名、実際の整理人員一七四、一七五名）のなかで推定九、〇〇〇名、企業整備（四三五、四六六名）のなかで推定二〇、〇〇〇名、イールズ声明にもとづく教職員の解雇推定二、〇〇〇名、マッカーサー書簡にもとづく解雇一二、一四九名（政府発表）、計四〇、〇〇〇名をこえる大量のレッド・パージがおこなわれた。

被パージ者のほとんどは、共産党員または共産党支持者であり、労働組合幹部であり、職場の活動家であった。レッド・パージによって、日本の労働運動は大きな打撃をうけ、

ひいては民族的悲劇をもたらした。（一ページ）

レッド・パージの嵐は労働者・労働組合に襲いかかっただけではなかった。それは「アカ」の代名詞を恣《ほしいまま》にしていた日本共産党を直撃したのである。マッカーサーは五〇年六月六日、吉田茂首相に書簡をもって、日本共産党中央委員二四名の氏名をあげて、「公職から罷免し排除」することを指令した。理由は「かれらの強圧的な方法は、過去における軍国主義的指導者が日本国民をあざむき過誤を犯させたところの方法と非常によく似ている。〔略〕ついには連合国が従来発表して来た政策の目的と意図を直接に否定して日本の民主主義的な諸制度を抹殺し、その政治的独立の機会を失わせ、そして日本民族を破滅させる危険を冒すことになるであろう」（同書、三六六ページ）というのである。

次いで六月七日、一七名のアカハタ編集委員を同様に追放することを指令した。そして六月二六日に「アカハタ三〇日間発行停止」、七月一八日に「アカハタ、後継紙、同類紙無期限発行停止」をそれぞれ書簡で指令したのである。

朝鮮半島の三八度線で戦争が勃発したのは、六月二五日であった。

七月一一日には、アメリカ占領軍の指導・援助によって日本労働組合総評議会（総評）が三七七万人を結集して結成された。共産党排除、社会党支持、国際自由労連加盟、朝鮮戦線での米韓軍支持、レッド・パージ容認の反共ナショナルセンターとしてスタートしたのである。二・一スト以後労働戦線の統一の旗を掲げて闘った全国労働組合連絡協議会（全労連）は八月三〇日、占領軍命令で「団体等規正令[61]」（政令第六四号）によって解散させられ、幹部一二名は公職追放処分になった。

六月二五日に勃発した朝鮮戦争は、アメリカの対日政策に質的な変化をもたらすことになった。連合国と日本の講和（平和）条約は、日本の敗戦後一二カ月ないし一八カ月以内に締結の可能性が指摘されていた（米国のバーンズ国務長官など）が、戦後の米ソ対立が冷戦の様相を帯びるに従って、アメリカは対日講和を棚上げして、「日本を共産主義に対する防壁として」単独支配（占領）する政策を推し進めるようになった。

ところが一九四九年になると、中国における人民解放軍の勝利が決定的（一〇月、中華人民共和国の成立）になり、さらに朝鮮戦争で韓国に対する支配も危うくなると、極東における力のバランスが崩れることを恐れたアメリカは、中国・ソ連を除外した対日単独講和を急ぐようになったのである。一方、日本の旧財閥＝独占企業にとっては、「財閥解体」など行き過ぎた日本経済の民主化を是正するためにも、「朝鮮特需」をあてこんで国際市場に乗り出す好機でもあった。

こうした大きな国際情勢の変化に対応して、しゃにむに対日単独講和の早期実現に狂奔したのが、米国務省顧問で対日講和特使に任命されたジョン・フォスター・ダレスであった。米国務省は一九五〇年一一月二四日に沖縄を米国の信託統治下に置き、日本に米軍の駐留を認めることなどを含む対日講和七原則を公表したが、ダレスは翌五一年一月、二度目の来日で吉田首相と会談し、離日（二月一一日）に際して、〃日本政府は講和後の米軍駐留を歓迎〃という声明を出した。

こうして朝鮮戦争の最中、アメリカ主導のもとで対日単独講和の道が推し進められたが、一方朝鮮半島では、中国人民義勇軍が参戦し中国・北朝鮮軍の反撃が強まると、一九五〇年一一月三〇日、米大統領が「朝鮮での原爆使用を考慮中」と発言するに及んで、世界中の緊張が一気に高まり、世界評議会をはじめとして平和擁護運動が各国で取り組まれた。

既に一九五〇年の三月にスウェーデンの首都ストックホルムで開催された平和擁護世界大会委員会第三回総会で決定・提唱されたストックホルム・アピールの署名運動は開始されていたが、アピールの内容は、①原子兵器の絶対禁止とその厳重な国際管理、②原子兵器の使用は人類に対する犯罪、③今後、最初に使用する政府は戦争犯罪人として取り扱う、というものであった。これは、前年（四九年）九月にソ連が原爆保有を公表したことによって、第三次世界大戦が核戦争になることを防ぐ人類の願いから起こった運動であった。それがトルーマンの原爆使用発言によって現実味を帯びてきたのである。

ストックホルム・アピールは、わずか半年余りの一九五〇年一一月の第二回平和擁護世界大会（ワルシャワ）までに五億人を超える署名を結集した。アメリカ占領軍の支配下にあった日本でも、最終的に六四五万余の署名が集計された。

一九五一年二月、世界評議会総会は、五大国（米・英・仏・中・ソ）の平和協定と日本・ドイツの再軍備反対を求めるベルリン・アピールを採択し、賛同署名は五億六〇〇〇万人に達した。日本では占領目的違反の逮捕投獄という弾圧のもとで、五七〇万の署名が集められ、その後の日本における平和運動の国民的な土台を形成した。

単独講和と日米同盟・安保条約

米国の反共世界戦略に追随して独占資本の復活を図る日本の財界は、経団連、商工会議所、同友会、日経連など八団体が束になって、米軍の駐留、基地の提供、日本の再武装を内容とする「講和条約に関する基本的要望」を一月二九日、来日したばかりのダレスに提出した。

一方、大山郁夫、平野義太郎らの提唱によって、一月一五日に全面講和促進運動の中央機関として「全面講和愛国運動協議会」（全愛協）が結成された。「全愛協」には共産党・労農党・産別会議・日農・私鉄労連・全造船・関西主婦連など六十余の団体が加盟し、全面講和・再軍備反対の署名は五〇〇万を超えた（一九五一年八月）[62]。

朝鮮戦争における「国連軍」（米軍）支持、警察予備隊創設支持を表明していた日本社会党も、一九五一年一月の党大会で「全面講和・中立堅持・軍事基地反対・再軍備反対」の講和四原則を樹立し、新しく就任した鈴木茂三郎委員長は「青年よ銃をとるな」と演説した。総評も五一年三月の第二回大会で、ＧＨＱ労働課長の「占領目的に違反する」との警告を蹴って、社会党と同じ平和四原則を決議し、結成当時の「朝鮮戦争支持」の方針から転換した。「ニワトリからアヒルへ」といわれた総評の変化であった。

「再び教え子を戦場に送るな」

日教組は組織としては、ストックホルム・アピールや世界平和擁護大会には消極的であったが、五〇年六月に朝鮮戦争が勃発すると、中央委員会として「われわれは全人類の幸福のために一切の武力を放棄することを宣告した日本国憲法の大原則を確認し、日本の中立と戦争不介入の基本線を堅持し、如何なる国に対しても戦争を導く要素となる軍事基地の提供には断乎反対すると共に、今こそ日本民族独立の基軸をなす全面講和締結促進への運動を新たなる勇気と決意を以て展開しなければならない」という「平和声明書[63]」を発表したのである。

次いで一九五一年一月の日教組第一八回中央委員会では、平和四原則とともに、「教え子を再び戦場に送るな」との決議が行われた。正式の決議は「講和に関する決議　二六・一・二四日教組第一八回中央委員会」であるが、内容の一部を紹介すると次のようなものである。

「現在の危機的段階にある国際情勢の中にあっては、講和条約はその形式、内容においてわれわれの所期する全面講和、日本の完全独立とは遙かな程遠いものとなることは想像にかたくないところである。〔略〕今こそわれわれは次の方針に従って平和へのゆるぎなき願望を全世界に宣明して、日本の完全独立を確保するために全労働階級とともに強力な運動を展開する。①全面講和、中立堅持、軍事基地提供反対　②再軍備反対　③真に独立の名に値する講和内容条項　④国民大衆の世論の結集　⑤困難なる講和を通してかち得られる民族の完全独立は、国民一人一人の精神的自立を基盤とした積極的且つ広汎な平和運動によって達成されることを信じ、再び教え子を戦場へ送らない決意のもとに日常教育活動に努力を傾注する」[64]〔①〜④は内容要約〕

「決議」は以下に、そのための宣伝から署名活動まで数項目の運動を提起しているが、戦後六〇年の今日まで、憲法と教育基本法に基づく民主教育・平和教育を支え実践してきた日本の教師や教育関係者の間に受け継がれてきた「教え子を再び戦場に送るな」の誓いは、文字通り敗戦直後の民主主義と平和のための教育を築き上げるたたかいの中から生まれたものであった。

歴史学者（近現代史）の中村政則は、近著『戦後史』（岩波新書、二〇〇五年七月）で「日教組（日本教職員組合）の『教え子をふたたび戦場に送るな』のスローガンが、あれほどの浸透力をもって人々の心を捉えたことはかつてなかった。日本国憲法の三大原則である主権在民・戦争放棄・基本的人権の意義があらためて認識されたのは、一九五〇年代の平和運動の盛り上がりの中であった」（五八ページ）と書いている。

こうした平和運動の国民的な拡がりに反して、アメリカの対日占領政策の転換が、戦後教育改革への批判として現実化したのは、既に見たように一九四九年夏のイールズ反共演説からであった。レッド・パージに次いで、朝鮮戦争の最中、五〇年八月に来日した第二次訪日アメリカ教育使節団は九月二二日、「アメリカの政策転換を最初に体系的に表わした文書[65]」である報告書を連合国軍最高司令官（マッカーサー）に提出した。

この使節団の報告書の中には、教育改革についていくつかの新しい特徴が持ち込まれた。

第一は、教育改革が国民のための改革ではなく国家（自由国家）のための改革として位置づけられたことである。「およそ国家の真の富は、その全国民の教育程度によって決定される。公立学校教育のために支出される金額は、自由国家がなしうる最善の投資である[66]」。「日本の高等教育の究極の性格は、国家の諸目的を遂行するためにどのような高等教育を受けた人々が必要であるかということによって決定されなければならない。日本は現在必要とする以上に、特定の専門職業の人々を養成しているかもしれない。もしそうだとすれば、これらの事実を確かめ、その結果によってこの教育計画を制限しなければならない[67]」

第二は、大学自治を否定し、高等教育は「人々の代表者」＝政治家・政府によって支配するべきであるという立場である。報告は次のように書いている。「現在の日本においては、高等教育機関は主としてその教授陣によって支配され、またかなりの程度その学生にも支配されている。〔略〕大学の主要方向は、いつも教授たちによって左右されている。大学の運営に携わる役員の選挙は、通常、教授によって行われる」。そして、「本使節団は、この教授による統制制度は、日本における高等教育を改善するために、修正されなければならないと信ずる[68]」とまで書いた。

第三は、冷戦をバックに反共主義を土台とした、道徳的・精神的支柱を国民に植えつけることであった。「恐怖は、民衆は信用のできないもの、愚かで自治能力のないものという仮定に基づいてみずからを正当づけようとする。極東において共産主義に対抗する最大の武器の一つは、日本の啓発された選挙民である。現代の改革が次の世代のために真実のものであるかどうかを決定するものは国民であり、また結局かれらのこどもたちがいかなる教育を受けるべきかを決定するのも国民である[69]」という具合に、共産主義の恐怖を強調して、これまでの〝ゆき過ぎた教育改革〟を牽制している。

前出『資料　日本現代教育史　2』の解説は指摘している。「第二次使節団に対し、文部省は戦後改革の進展を意欲的にとりあげた『日本における教育改革の進展』を提出したが、使節団報告書はそれを無意味なものとしてしまったのである。以後文部省は戦後のわずかな期間の民主的政策を振り払って、反改革、独占の要求による再編成へと政策を転換していくことになる」（二五ページ）

サンフランシスコ講和条約と日米安保体制

一九五一年になると、アメリカ主導の単独講和を目指すダレスと吉田政府は、全愛協などの全面講和促進運動を弾圧する一方、鳩山一郎、河野一郎、石橋湛山などの保守派の政治家・財界指導者から旧軍人・旧特高関係者一万四五二一人の追放解除を九月八日まで数次にわたって行った。しかもその間、マッカーサー指令による共産党員の公職追放を免れた共産党の唯一の国会議員であった川上貫一が、国会質問の中でアメリカの基地政策を批判したことを理由に、三月に国会議員を除名され議席を奪われたのである。

一九五一年九月八日、サンフランシスコ講和（平和）条約が調印され、翌五二年四月二八日に発効した。講和条約そのものについては、その成立過程から内容・実施まで様々な角度から議論・検討され、戦後六〇年の今日まで、国際情勢を規定する歴史的・政治的課題となっている。これらの問題の解明は他書に譲るとして、本書では、戦後教育改革に関連する諸問題を中心に論述しておきたい。

講和条約の草案はダレスが作ったといわれるが、既に中華人民共和国を正式に承認していたイギリスとの間で、中国を対日講和条約の調印国として認めるかどうかで対立し、結局中国も国府（台湾の国民政府）も講和会議に招請しないことになった。したがって、講和条約案は対日戦の主要四カ国のうち、米・英二カ国共同提案という形式をとることになった。こうして、講和会議はアメリカの思惑どおりの形（単独・片面講和）で開かれたのである

最も長期にわたって日本と戦った中国を除外し、日本によって侵略・占領された東アジア諸国のうち、セイロン、インドネシアを除く国々が参加しないといういびつな講和会議は、その後の世界の平和と安定に影を落とすものであり、世界における日本の運命を決定づけるものであった。それは、講和会議がサンフランシスコのオペラハウスで行われ、講和条約の調印が午前中に参加国五二カ国のうち四九カ国（ソ連、ポーランド、チェコ三国は調印を拒否）によって終わった後、その日の午後、同市北部のプレシディオにあるアメリカ軍第六兵団の兵舎・下士官集会室で調印された「日米安全保障条約」（安保条約）が象徴的に示したのである。

安保条約は〝日本がアメリカとの安全保障条約を希望する〟という形で締結されたが、その

骨子は次のようなものであった。

①条約の発効と同時に米軍を日本国内及びその付近に配備する米国の権利を日本国は認め、この軍隊は日本国における大規模の内乱及び騒擾を鎮圧することを含めて、外部からの武力攻撃から日本を守る。

②米軍の「配備を規律する条件」は両政府間の行政協定で決定する。

前文とわずか五カ条からなる安保条約は、講和条約第六条但し書き「二国間若しくは多数国間の協定に基く、又はその結果としての外国軍隊の日本国の領域における駐とん又は駐留を妨げるものではない」、同第五条(C)「連合国としては〔略〕日本国が集団的安全保障取極を自発的に締結することができることを承認する」を根拠に、アメリカ占領軍が駐留軍と名を変えただけで、無期限に日本にいすわることを容認したものであった。しかも、こうした内容は、既に七月三〇日にダレスと吉田茂との間で秘密裡に合意されていたが、講和会議に出席した六人の日本側全権のうち吉田以外の五人は安保条約の条文内容を知らなかったという。したがって、安保条約の調印式で署名したのは吉田全権一人だけであった（米側はアチソン国務長官、ダレス特命大使他上院議員二名計四名）。

こうして、いびつな形ではあったが、講和条約によって主権を有する独立国家として認知されたにもかかわらず、その後、半世紀にわたって、日本がアメリカの同盟国といわれながら、事実上の従属国的立場から抜け出せない根拠になっているのである。

●第五章●

安保体制下の教育闘争

対米従属の日米軍事同盟

対日講和条約をめぐって、全面講和か単独（片面）講和かの論議は、日本の政界・財界・労働界・マスコミ言論界をあげて国論を二分したことは既に述べた通りであるが、それは煎じ詰めれば戦後日本の進路に関わる論争であり、対米従属下の日本の再軍備か、国連憲章のめざす国際紛争を平和的手段によって解決する平和的・民主的国家の一員となりうるか、の岐路を決定するたたかいであった。そして、このような動向を決定づけたのが日米安保条約であった。

日米安保条約の締結経過については、当時、日本外務省経済局第二課長として直接安保条約の交渉に関与した東郷文彦（後条約局参事官、外務事務次官などを経て一九八〇年退官時には中米特命全権大使）が、その著作『日米外交三十年――安保・沖縄とその後』（世界の動き社、一九八二年、以下『外交三十年』）に書いているが、当時の日本政府側が安保条約締結の意義をどう見ていたかが分かって興味深い。

『外交三十年』によると、一九五〇年六月に朝鮮戦争が勃発すると、「ダレスは主要関係諸国との間に精力的に接触を行い、翌二十六年初頭から平和条約とその一環としての安全保障問題について日米間に集中的なやり取りが続けられる」（以下「」は『外交三十年』からの引用）ことになった。そしてその年の秋には安全保障問題について両国の準備作業が進められることになったのであるが、勿論その作業は極秘であった。条約調印直前（九月二日）まで米側は「安保条約については外部に対しては交渉継続中と云うことにし、平和条約調印後纏まり次第調印と云う建前で行き度い」ということであったが、ソ連の出方を警戒していた吉田総理は両条約の署名の間に「空間」をおくことは危険であるということで、即日署名したということであった。

このような安保条約成立の経緯について、『外交三十年』は最後に次のように述べている（三七ページ）。

斯うして日米安全保障条約は成立した。やがてこの条約は、占領下に準備され、米国が占領と云う地位を平和条約発効後もその儘維持できるよう、米国によって日本に押し付けられたものであり、内容は一方的片務的であり、日本を米国の世界戦略に組み込み日本をその欲せざる戦争に捲き込むものであると国内で非難されるようになる。然しその成立の経緯を見れば決してただ米国が日本に押し付けたものではなく、もとよりいわゆる内乱条項とか第三国に対する基地供与禁止条項とか問題はあるが、その淵源は、武装を解除され戦争を抛棄《(ママ)》し陸海空軍を持たない日本が、冷戦の世界に如何にしてその安全を図って行くかと云う命題に対する自らの回答に発している。

東郷文彦は、日米安保条約が米国によって日本に押し付けられたものではない、と一所懸命に弁明したつもりであろうが、「語るに落ちる」とはまさにこのようなことを言うのである。ついでに触れておくと、彼はこの後、「いわゆる米国の『押し付け』と云うことについては、新憲法についてはは余り触れられることなく、安保条約についてのみ押し付けであり一方的であると極めつける声が高くなって行った政治の動きと云うものは誠に不思議なものである」と書いているのである。

安保条約の押し付けは、その実施細目を取り決めた「日米行政協定」によって具体化された。行政協定の内容は、ラスク・アメリカ国務次官補と岡崎勝男国務大臣との間で一カ月にわたって行われたが、その経過は国会開会中にもかかわらず一切秘密にされ、五二年二月二八日に調印されて初めて発表された。これによって、米軍の「基地つき」日本駐留と日米軍事同盟は固定化されたのである。その詳しい内容は歴史学研究会編『戦後日本史 Ⅱ』（一一八～二〇ページ）に譲るが、こうした安保体制による再軍備路線が教育の面でどのように押し付けられたかを次に見ていこう。

安保体制下の教育課題

日米安保条約の要は、日本の全土米軍基地化と日本再軍備であった。朝鮮半島における動乱は一九五三年七月二七日の朝鮮休戦協定の成立によって一応の終結をみたが、アメリカ占領軍と自由党吉田政府は、戦後の反共布陣の一層の強化を迫られることになった。

一九五三年一〇月、当時自由党政調会長池田勇人が吉田内閣の特使としてワシントンを訪れ、米国国務次官補ロバートソンと日本の防衛力増強と再軍備促進について密談した。いわゆる「池田・ロバートソン会談[70]」として戦後史関係の類書で知られているが、会談の詳細については明らかではない。ただ前出の『資料 日本現代教育史 2』には「朝日新聞報道と、会談に同席した宮沢喜一の『東京・ワシントンの密談』でその内容を知ることができる」として、「一九五三年一〇月一九日の日本側文書」や同年一〇月二一日の「米国政府のメモランダム」も含めて資料として紹介しているので、以下これによることにした。

池田・ロバートソン会談の中で、教育に関わりのあると思われる内容をあげてみると、次のようなものがある。
一、日本の防衛力と米国の援助について。
A　日本代表は十分な防衛力を持つことを妨げる四つの制約があることを強調した。つまり、法律的、政治的あるいは社会的、経済的及び物理的な制約である。
1、法律的制約とは憲法上の制約で、憲法第九条は非常に明確で、しかもその改正は非常にむつかしく規定されているので、仮にもし日本の政治指導者達が改正を必要と考えたとしても、近い将来に改正が実現する見込はない。
2、政治的社会的制約とは、占領軍によって行われた平和教育が非常に徹底しているということで、〝国民よ銃をとるな〟という気持ちは日本によく行き渡っている。殊に、そういう教育の中に幼少時を育った人々が正に現在適齢に達しているのである。
3、経済的制約について〔略―防衛費〕
4、物理的制約〔略―保安隊大増強計画、有象無象誰でも入れるというわけにはゆかない。徴兵制に至っては憲法が明白に禁ずるところで問題にならぬ。〕
以下長文の引用は避けるが、「日本の防衛力漸増計画」に関連して、「日本人が一般に、自分の国は自分が守るという基本観念を徐々に持つように、日本政府は啓もうしてゆく必要がある」とか、米側が「自衛の観念を日本に育ててほしいと日本政府に希望する」とかのやりとりが行われ、こうしたことがその後の日本の教育の方向に影響を与えたということは指摘しておきたい。

要するに、日本の防衛力の増強＝再軍備のためには憲法第九条や戦後の平和教育が邪魔になっているから、自分の国は自分で守るという自衛＝再軍備の基本観念を持つよう啓蒙・教育をするようにアメリカが日本に要求した、ということである。このような日米の密約は翌一九五四年に次々と具体化された。三月のMSA協定（日本の防衛力増強義務化）、六月の防衛二法（保安隊を自衛隊へ）、七月の警察法改悪（警察の中央集権化）などの強行である。

教育の分野では〝日教組の偏向教育〟攻撃によって口火が切られた。顕著な例としては一九五三年六月、山口県教組編集の『小学生日記』、『中学生日記』を岩国市教育委員会が偏向教育として回収させた「山口日記事件」がある。『日記』で軍事基地を批判していたのを、教育の中立性を侵していると攻撃したのである。この年には石川県内灘の米軍試射場反対、群馬県浅間・妙義山米軍基地反対など全国的に米軍基地反対運動が高揚した年でもあった。こういった情勢を背景に政府は五四年五月に、教職員の政治活動だけでなく、自主的・民主的な教育活動まで禁止、制限する反動的な教育二法(71)を強行成立させたのである。

一九五五年二月の総選挙で「国定教科書の統一」を公約の一つに掲げた日本民主党（総裁鳩山一郎）は、七月の通常国会で「偏向教科書問題」を取り上げ、「うれうべき教科書問題」というパンフレットを刊行して、実質的な国定教科書への地ならしをした。次いで保守合同後の自由民主党（自民党）政府は、五六年六月二日、五〇〇名の警官を国会に導入して、いわゆる「教育委員任命制法案」を強行成立させた。これによって教科書の採択権は任命制教育委員会に移った。

この「教育委員会任命制法案」と同時に国会に上程された教科書の国定化を狙った「教科書法案」は、日教組をはじめ学者・文化人を含む国民的な反対にあい、審議未了廃案になったが、政府は教科書法案にもりこんだ教科書検定審議会の拡充強化については、国会に諮《はか》らない規則「改正」を強行して、教科書の内容を統制・支配する道を開いた。

教育基本法に対する攻撃

戦争の世紀といわれた二〇世紀に生まれ、二一世紀の今日まで半世紀にわたって生き抜いた「平和と民主主義」の日本国憲法が、どのようにかちとられ、その憲法に基づいて制定された教育基本法が、戦争や恐怖からどのように子供たちを守ってきたかを、実証的に明らかにすることは、嘘とごまかしで再び子供たちを戦場に送り込もうとする勢力に対する〝最終戦〟として位置づけねばなるまい。

一九五五年に保守合同によって生まれた鳩山自民党内閣が党是とした改憲論は、それ以後常に教育基本法改定論と車の両輪となって国民を襲ってくるが、その都度戦後の民主主義の中で成長し、鍛えられた国民の反撃と団結の力によって押し返された。

「日本国憲法の精神に則り」教育基本法によって定められた教育の目的（「人格の完成をめざし、平和的な国家及び社会の形成者として、真理と正義を愛し、個人の価値をたっとび、勤労と責任を重んじ、自主的精神に充ちた心身ともに健康な国民の育成を期して行われなければならない」）に沿って、日々直接生徒・子供たちの教育を「つかさどる」のは「教諭」である（学校教育法・第二八条六号）。憲法・教育基本法の条文改定は、池田・ロバートソン会談で権力側が自ら認めたように、極めて困難な状況から、保安隊・自衛隊公認と同じように、教育の反動化・軍国主義化のために教師＝教育労働者にしかけた攻撃が、先に述べた教育二法による攻撃であった。

こうした攻撃に対して、日教組は当然のことながら組織をあげて反撃を組織することになった。その事情を湯浅晃著『戦後教育労働運動の歴史』で見ると次のようになる（〔〕内は引用者注）。

1954年３月の教育防衛大会（『写真でつづる総評30年史』〔総評資料頒布会〕より）

日教組は、一、五〇〇人の学者・文化人の反対署名をとって、広く父母・国民に教育二法案反対をよびかけ、一九五四年三月十四日の日曜日に十五日の月曜日の振替授業をおこない、十五日に一斉に教育防衛大会をひらいて政府に抗議するという闘争を組織した。この闘争に七〇パーセント以上とりくめたところは、〔都道府県名略〕二十四都道府県教組、五〇パーセント以上とりくめたところは〔県名略〕九県教組、十四日防衛大会、十五日公開授業などのとりくみをしたところは、〔府県名略〕十三府県教組であった（「日教組教育新聞」一九五四年三月十九日）。しかし、旭丘闘争については、〔略〕三名の教員が懲戒免職の攻撃をうけていたにもかかわらずなんら具体的な支援闘争を組織しなかった。教育二法は、結局刑事罰がはずされて五月に成立した。

引用した湯浅論文では、教育危機に対する国民的なたたかいの高揚と、これを主導した日教組の積極面と限界を示しているが、父母や民主勢力との共闘が成立した時には一定の成果（刑事罰の削除）を挙げたことは大事な教訓であった。こうした教訓は組織内の討議を踏まえて、一九五六年の日教組第四〇回中央委員会の決定に反映されたのである。決定は次のように述べている。(72)

われわれは本年度の重要な諸闘争の推進をつうじ、われわれが解明しなければならないもっとも大きな問題は、日本の労働運動において、日教組がいかなる位置を占めるか、つまり日教組の任務はなにかということである。

われわれの任務は、次の世代をになう子どもの成長と幸福を守るという点に集約される。したがって日教組の運動のすべては、子どもと教育を守るという基底の上にくみたてられる。

もっとも活動的な組合員は、もっとも父母に信頼される教師であるという規定もここから生まれる。

したがって戦争と頽廃から子どもを守り、教育の逆行をくいとめる運動は、帝国主義戦争を経験した日本の教師の悲願であり、子をもつ父母の願いでもある。

同時にこの日教組運動の発展の背景には、一九五二年以来全国的に注目されるようになった軍事基地反対闘争、とりわけ五四年三月のビキニ水爆実験を契機とする国際的な原水爆禁止運動の発展、その帰結としての第一回原水爆禁止世界大会（五五年八月、広島）の開催、六月の日本母親大会（東京）、七月の世界母親大会（スイス・ローザンヌ）など、日本でも世界でも平和のための運動が最高潮に達したことも忘れてはならない。そして、日教組の「教え子を再び戦場に送らない」というスローガンは、こうした平和運動の中で象徴的な位置を占めることになったのである。

この「教え子を再び戦場に送らない」というスローガンは、日々愛する子どもたちを目の前にして教育にいそしむ教育者にとって、唯一絶対のスローガンであった。「戦争は政治の延長である」と言ったのは、一九世紀ドイツの軍人・軍事理論家クラウゼヴィッツであるが、そうであれば、今の日本の政治の延長線上に戦争があるのか、平和があるのかという問題は、まさに日本の運命を決する問題である。

一九五〇年代の日本の教師は、このような決定的な状況に遭遇していたのである。

勤務評定反対闘争

安保体制のもとで、政府による教育の国家統制と管理体制の強化は、既に述べた一九五六年の任命教育委員会法（「地方教育行政の組織と運営に関する法律」）の強行成立によって道が開かれていた。この法律は一九五六年の一〇月一日から施行されたが、その第四六条には「県費負担教職員の評定は、〔略〕都道府県委員会の計画の下に、市町村委員会が行うものとする」と明記されていた。

これに基づいて、一一月一日に早くも勤務評定実施を決めた愛媛県の場合は、勤勉、積極性、責任感など一一項目の評定要素について、「A　大変よい／B　よい／C　普通／D　やや劣る／E　満足でない」の五段階で評定し、給与の昇給・昇格に差を付けようというものであった。

日教組は反自民・平和擁護・民主教育推進のたたかいを大会で確認し、一九五七年以降、「勤評は戦争への一里塚」のスローガンのもと全国的に「勤評反対闘争」を展開し、教職員にとって父母をはじめ民主的組織との共同闘争の重要性を名実ともに鮮明にするようになった。

一九五八年に入ると、文部省の強力な指導のもとに各県・地教委が勤評実施計画を立案する

1957年の勤評反対闘争（『写真でつづる総評30年史』〔総評資料頒布会〕より）

ようになり、福岡県においても一月二二日には勤評試案の説明会を開催したので、緊張は極度に高まった。

福教組は二月五日には、「県教委・地教委・出張所長に対し、教育予算の大幅増額、不当人事および勤評反対などの要求をもって集団交渉を行ない、勤評質問書の回答を求めた。これ以後、福教組は非常事態宣言のもとで、波状的に要求行動をくりかえしたのである」（『福岡県教組20年』二一五〜一一六ページ）。しかし県教委は、「勤評の立案および実施は職員団体の交渉事項でないとする一月三一日付文部省初中局長名の通達の立場を固執したのであった」（同前、二一七ページ）。

二月二二日に開かれた第一次春闘計画に基づく教育危険突破大会は、二二日午後一時から県下約一〇〇カ所で開かれたが、福岡市の警固公園での春闘総決起大会には、福教祖福岡支部・粕屋支部の全組合員が参加し総数四〇〇〇人の大会参加者を見た。

「この期間のたたかいをつうじて、福教組の各級機関のたたかいは急速に厚みを増し、また激しさを加え、勤評闘争をつつむ共闘態勢の整備もすすんだ」（同前、一二八ページ）

三月八日に日教組第三波統一行動として組まれた教育危機突破大会には、全国で六五万人が参加したが、「福教祖は高教組と共同して、全県下三一カ所で集会を開き、全組合員が集会に参加した」（同前、一二九ページ）。

対県交渉は組合員の大衆動員を背景に白熱化して続いたが、目前に迫った高校入試の混乱を避けるために、「㈠　勤評は抜打ちに行なわない／㈡　四月中には実施しない／㈢　今後とも相互に了解をうるよう話合いを行なう」（同前、一三一ページ）という三項目の覚書で一応の妥結をみた。

「この成果は三・八統一行動を頂点にそれまでに積み重ねられたたたかいの結実であった。また覚書を交換したという事実は、県教委の拒否にもかかわらず、勤評問題に関する交渉権を実質的にかちとったことを意味した」（同前、一三一ページ）。こう福教組は総括し、次の五月段階のたたかいに向けて闘争態勢を確立していったのである。

四月に入ると文部省は、勤評規則の制定を四月中に終わるよう各県教委を強力に指導するようになった。福岡県教委も組合との覚書を無視して密かに県試案の作成を進めていたことが明らかになった（四月一四日）。福教組は四月二八・二九両日、柳川市で第一一回定期大会を開催し、当初五月一〇日に予定していた一斉休暇闘争を五月七日に修正繰上げすることを大会決定した。

組合と県教委との交渉は、六日から七日にかけて徹夜で断続的に続けられたが、七日午前七時、最終的に決裂した。既に六日夕刻までに休暇届を校長に提出していた福教組の組合員は、一斉に休暇闘争に突入した。福教組傘下の九三八分会、二万三〇〇〇人の組合員は、ごく一部の分会を除いて全組合員の九九％が授業を放棄して一斉休暇に突入し、午前九時から市郡別の措置要求大会を開いた。

こうして全組織が勤評実施に反対する教祖の基本的態度を確認し、あくまでたたかい抜く決意を表明した。これに応じて県総評は児童の登校拒否を含めて支援態勢を確認し、ニュースカーを全県に走らせて情宣に努めた。特に炭労は、全山で連日マイク、ニュースカーによって支援を訴え、登校拒否を断行した。この中で嘉穂支部は「三日間の教委交渉によって臨時休校をかちとった」（同前、一三〇ページ）。

このように福教組の勤評反対のたたかいは、勤評が単に教職員に対する差別賃金の導入や管理強化のためだけではなく、戦後の平和と民主主義の教育を破壊し、軍国主義の復活に道を開くものであることを、教職員だけでなく広く父母・一般市民・民主団体・労働組合の中に浸透させ共同闘争を構築することができたのである。このことは、五・七闘争の最終段階で幹部闘争の域を克服できなかった福高教組が福教組との統一闘争を回避して「福高教組は闘争脱落の汚名を着ることになった」(『福岡県高教組20年のあゆみ』労働旬報社、一九七〇年、一四九ページ)にもかかわらず、高校教職員も含めて、やがて一九六〇年の安保闘争をたたかうエネルギーを蓄えることになった。

五・七休暇闘争の後、一〇日に県教委との交渉が再開されたが、交渉途中、県教委は一方的に待機していた記者団に「勤評規則」の制定を発表し、その日の午後には、福岡県警察本部は地公法三七条違反容疑で、福教組本部及び三二の組合支部事務所を一斉に捜索し、勤評闘争に対する警察権力の直接の介入が始まった。

五月一〇日には、上原専禄、植村環、石川達三、広津和郎、大河内一男など四八名の学者・文化人による勤評反対声明が発表され、勤評は、「とうてい科学的検討に堪えない粗雑な性質のものである」(前出『資料　現代日本教育史　2』五四七ページ)と批評した。声明は次のようにいっている。

教育基本法は「教育は、不当な支配に服することなく、国民全体に対し、直接に責任を負って行われるべきものである」と明記している。「この原則は、どのような政府のもとにおいてもつらぬかれねばならず、教育は現実政治の干渉を受けずに、のびのびと行われなければならない」と最初に述べ、最後に「きわめて重要である」こととして次の三項目を挙げている。

一、教師の成績評価は、現実政治と関係なしに、純枠に教育上の研究問題として設定し直さるべきである。

二、教育は、教育基本法の原則にのっとり、教師の民主主義教育実践の自信と誇りとによって行われるべきであり、一方、教師には、能力、識見と教師としての倫理を高めるための、きびしい自主的努力が期待される。

三、教育は、政府の考え方で左右されるべきものではなく、国民が国民のために行うものであるという自覚が、国民のあいだに確立されることが肝要である。

この声明は勤評闘争後の革新的・良心的・自覚的教師に受け継がれ、半世紀後の今日も、憲法・教育基本法改悪の策動に対して、平和と民主主義の教育を守り発展させるためにたたかっている教職員と父母の願いを象徴していると言っても過言ではない。

福岡県教委の強引な「勤評規則制定」に対して、勤評実施権者である県下の一九市（のち二〇市）の地教委は連絡協議会をつくり、勤評実施についての態度を協議し、勤評提出期限前日の一一月九日には、五八年度の実施はきわめて困難なので研究期間とするという結論を発表した。

こうして、校長の勤評提出期限の一二月九日には「一枚の評定書も提出されず勤評提出期限切れとなった」（『福岡市教組三十年誌』福岡市教職員組合、一九七九年、一二九ページ）。

1959年３月28日，安保阻止国民会議結成（『写真でつづる総評30年史』〔総評資料頒布会〕より）

その後も、県教委は地教委や校長会に圧力をかけ、評定書を極秘のうちに提出させ、これを察知した組合が大衆動員をかけて取り戻したり、記入を抹消させたりというたたかいが繰り返され、年度を越すことになった。この間、県教委は警察力を動員して組合の本部・支部の幹部を逮捕し、行政処分・賃金カットの攻撃を加えた。

こうした中、一九五九年になると、勤評闘争をめぐる日本の国内の政治情勢は大きく変わっていった。前年の末から始まっていた日米安保条約の改定交渉が本格化し、これに反対する広範な労働者を中心とする日本の民主勢力によって「安保阻止国民会議」が結成されたのは、一九五九年三月二八日であった。

勤評闘争の中で団結と共闘の重要性を学んだ教育労働者は、「勤評は戦争への一里塚」、「教え子を再び戦場へ送るな」の合言葉が示すように、確固とした平和と民主主義の実現をめざして、校区安保共闘組織を支部・分会毎に組織していったのである。

第31回福岡地区統一メーデー（1960年）

前に挙げた『戦後教育労働運動の歴史』は、この勤評反対闘争の歴史的意義の一つとして、「弾圧に屈せぬ教職員の英雄的なたたかいが、全国の民主勢力を大きく激励し、一九五八年の岸内閣の警職法改悪を粉砕し、一九六〇年の歴史的な安保反対運動に発展する重要な推進力となった」ということをあげ、「このように、勤評反対闘争は、わが国の教育労働運動史上画期的な大闘争であり、大いに新しい世代の教職員に語りつぎ、当時の弾圧犠牲者の労苦を決して忘れてはならない」と結んでいる（同前、一〇一ページ）。

福岡県における勤評闘争は、一九六〇年三月八日の福岡県教育委員会・福岡県市町村教育委員会（地教委）・福岡県教職員組合の三者による覚書の調印で収拾をみた。覚書の主な内容は次の三点であった（『福岡県教組20年』三四四ページによる）。

①法に基づく勤務成績の評定の実施時期に関する規則を廃止する。
②勤務成績の評定に関する規則は当分の間適用しない。
③当分の間「勤務の記録」の規定を作り、実施は行政通達で行う。

というものだった。

「勤務の記録」は一九六二年三月に「執務の状況並びに身上に関する記録」に改められたことでも明らかなように、「勤評をほぼ完全に形骸化するという大きな成果を収めることができた」（同前、三五四ページ）のである。

●第六章●
民間教育運動の展開

平和と民主主義の教研活動

「みくにの為に　死ねと教えた昔／命を散らした教え子の顔が／目に浮ぶ　目に浮ぶ／良心の呵責が弱さを支え／平和を守る心が　私を鍛えた〔中二節略〕わたしは起ち上った　皆んなは起ち上った／この闘いが　平和を守る／勤評反対／戦争反対／子供たちを／戦争におくるな！」（関鑑子編『青年歌集　第七集』音楽センター、一九六〇年、原文のまま）

この歌は勤評闘争のさなか、福岡県大牟田市の大牟田センター合唱団の作詞・作曲（作詞・上野博子）による組曲「子供を守る歌」の男声合唱部分と、最終節の混声合唱部分である。福教組福岡支部の青年部有志は、市教組歌声サークルを独自に組織し、市教委交渉などで徹夜で座り込む組合員の仲間の中でこの「子供を守る歌」を歌ってたたかいを盛り上げたものである。

勤評闘争をたたかい、安保闘争に参加した日本の自覚的教師たちは、教育労働者として力強く成長するとともに、日本の平和と民主主義のために共にたたかった民主的団体や組織と提携して、戦後培ってきた民主教育をさらに発展させるために力を尽くすようになる。

戦後すぐの一九四六年三月、アメリカ教育使節団が来日して出した報告書をもとに戦後の教育改革は始まったが、アメリカから直輸入された形のアメリカ流経験主義（プラグマチズム）は、五〇年代に入ると早くも、日本の進歩的教育学者や教育現場の実践的教師によって理論的・実践的に批判されるようになった。批判の中心は、経験学習・体験学習といっても、教育現場（教室）だけの学習や授業構成・劇化活動では、子どもたちが生きていくために必要な社会認識は育たない、というところにあった。

こうした批判の上に立って、子どもたちの置かれている現実の生活、それは同時に親の労働と生活であるが、その中からさまざまな社会現象をあぶりだし、解決するための社会認識を育てる教育実践に取り組んだのが、今井誉次郎（東京都西多摩小学校）の『農村社会科カリキュラムの実践』（一九五〇年）であり、無着成恭（山形県山元中学校）の『山びこ学校』（一九五一年）であった。

一九五〇年代にはその他にもすぐれた教育実践が報告されるようになり、教室実践だけでなく、学校や学年単位で児童・生徒の自主的な活動が組織されるようになった。山口県教組の「平和教育プラン」[73]や京都の旭丘中学校の生徒集団による「生徒綱領」[74]の作成など、まさに憲法と教育基本法の精神に沿った平和と民主主義の教育実践の結実であった。朝鮮戦争の拡大と

1956年6月1日，教育委員任命制法案強行可決（『写真でつづる総評30年史』〔総評資料頒布会〕より）

講和問題をめぐって日本の針路が大きく変わろうとするこの時期に、平和と民族の課題にどう応えることができるかが問われることになったのである。

一九五六年六月、国会に警官隊を導入して地教行法（「地方教育行政の組織及び運営に関する法律」＝新教委法）を強行成立させた政府・文部省は、新しい任命制教育委員会のもとで管理規則と勤務評定の実施を強制して、権力による教育支配を強化する道筋を開いた。こうした反動文教政策に対して日教組は、既に見てきたように組織の全力をあげてたたかったのである。

こうしたたたかいの経過の中で生まれ、二一世紀の今日の教育運動に引き継がれなければならない教訓の一つは、国家権力からも、財界・資本からも、労働組合からも独立した、全く自主的民主的な教師たちによって組織された教育研究・実践活動の誕生であった。それは、先にあげた五〇年代の先進的なすぐれた教育実践に学び、点から線へ、さらに面へと広がりを見せた民間教育研究運動（民教研運動）であった。

日教組も一九五一年に「教え子を再び戦場に送るな」のスローガンを決定し、五月の第八回大会で「第一回全国教育研究大会開催に関する件」が提案・決定された。ここで決定された基本方針では、「今日の日本の教育のあらゆる偏向性を是正し、退廃と混乱の中にある日本文化を再建し、日本の青少年を守り育てる教育計画を民主的基盤において確立し、その実践の方途を自主的に具体化することは、われわれ教育労働者の果さねばならない歴史的役割である。この要請に応えて本大会は開催される[75]」と高らかに述べている。

自らの生活と働く権利のために戦後たたかい続けた教育労働者が、国民的な要請に応えて、自らの専門職である教育の分野で自主的・民主的な研究・実践を展開することになったのは、日本の教育史上画期的なことであった。

日教組の第一回全国教育研究大会はこの年の一一月一〇日、日光で開催され、以後半世紀以上にわたって毎年続けられてきた。一〇年後の一九六一年一月には初めて日高教（日本高等学校教職員組合）との合同共催に成功し、幼児教育者から大学教育者までが一堂に会して、教育労働者の自由と団結、国民の教育権、平和と独立（民族の課題）を研究・討議することになっ

勤評反対集会（1959年）

たのである。

　一月二九日に行われた合同教研基調報告「教育研究活動の一〇年」は、それまでの一〇年間の教研の成果の一つに「父母のねがいと要求をくみとるよう努力しながら、国民教育運動への動きをつくりだした[76]」と述べ、

　安保体制が強化され、教師の生活と権利が圧迫され、教師の自由な研究と実践が「革命教育」などの名でひぼうされる一方、教育基本法の改悪すらがもくろまれている今日、わたしたちは労働組合としての活動と、教育研究と、日々の実践とを、ますます統一して前進しなければならない。一〇年間の教研が力をこめて探求してきた職場の民主化、職場教研、学校の組織化、校区教研、支部教研の強化なども、教師の

自覚と団結のよりいっそうの具体化として、ますます進めていかなければならない(77)。

と強調した。

一九六〇年の安保闘争は、日本の労働者を中心とした平和勢力・民主団体の統一と団結の力を内外に示す結果になった。とりわけアメリカは、日本をアジアにおける反共の拠点として不動のものとするため、六一年四月にライシャワーを駐日大使として送り込み、いわゆるケネディ・ライシャワー路線のもとで、日本の労働組合運動・平和運動・民主運動に分裂と懐柔を持ちこんだ。

日教組運動の中でも一九六一年から六二年にかけて、「特定政党（当時は日本社会党）支持路線」が確立したため、教育研究活動にも自覚的教師や父母・研究者を結集できなくなった。

民教連（民間教育団体連絡会）の結成

一九五〇年代には日教組の教研活動と結んで、自主的・民主的な教育研究団体が結成された。全国的な規模で組織された主なものには、一九四九年に結成された歴史教育者協議会（歴教協）、五一年の日本作文の会、教育科学研究会（教科研）、数学教育協議会（数教協）、五四年の科学教育研究協議会（科教協）、五七年の音楽教育の会、五九年の新英語研究会（新英研）等々、さまざまの分野・教科でそれぞれの教育理念を現実の教育の場で実現するために活動したのである。

例えば歴教協は、その設立趣意書で冒頭次のように述べた。

私たちはかぎりなく祖国を愛する。そうして私たちは、日本からいっさいの封建的なものや、ファッショ的なものを排除し、一日も早く、内には民主主義を発展させ、外には国際平和に寄与するようになることをねがうものである。私たち歴史教育に関心をもつものは、過去においてあやまった歴史教育が軍国主義やファッシズムの最大の支柱の一とされていた事実を痛切に反省し、正しい歴史教育を確立し発展させることが私たちの緊急の重大使命であることを深く自覚する。(78)

教科研全国連絡協議会は五五年一〇月、次の指標を掲げた。

私たちは、日本国憲法と教育基本法とにあらわれている平和と民主主義をめざす日本の教育をおしすすめ、国の独立の基礎をきずく仕事を誠実にやっていきたい。そのためのおたがいの協力のめあてとして、つぎの指標をかかげる。一、私たちは、日本のこどもたちが、国民としてたいせつな学力を身につけ、集団生活のなかで自主性をそなえた社会人となるように教育する。〔略〕二、〔略〕そのために、私たちは、教師の教育の自由と子どもたちの学習の自由とを守る責任をはたそうと思う。三、私たちが念願するような教育をうちたてるには、親たちの願いを正しくみさだめ、子どもたちの真のすがたをみきわめねばならない〔略〕。四、五〔以下略[79]〕

日本作文の会は一九五五年八月、次の綱領を発表した。

一、わたくしたちは、日本のつづりかた教育の遺産をうけついで、子どもの生活とはなれない、新しい作文教育の建設と普及に努力します。二、わたくしたちは、真実と人間らしさを求める作文教育の実践によって、日本の教育の民主化とその発展に力をつくします。三、わたくしたちは、正しく美しい日本語をみんなのものにするために、力をあわせてはたらきます。〔以下四、五、略[80]〕

三例しか挙げることができないが、五〇年代から六〇年代にかけて、ますます露骨になる民主教育破壊と教育に対する権力支配に抗して、憲法と教育基本法を基軸に子どもと教育を守るために結集したのが、これらの民間教育研究団体であった。そして、一九五九年一月の日教組第八次教研全国大会を契機に、民間教育団体連絡会（民教連）が誕生し、六〇年一〇月には第一回民間教育団体合同研究集会がもたれたのである。

この第一回民教研集会が開催された時には、日本の自主的・民主的な民間教育団体の数は既に二〇指に余った（『資料　日本現代教育史　2』五〇一ページ、一覧表）。

福岡における民間教育運動

一九六〇年以降の全国的な民間教育運動の発展については、とてもまとめる余裕はないので、以下に筆者（大瀧）も若干直接関わってきた、福岡における民間教育運動について述べておくことにする。

福岡の民教研運動については、一九五二年五月五日の「若松作文の会」結成（事務局長）以後、福岡県作文の会、福岡県歴教協、県民教連（会長）として活動し、一九八五年小学校を退職後も民教連の専従（会長）を務めた桜河内正明の著書『ゆっくり急いで40年』[81]（教育史料出版会、一九八八年、以下『急いで40年』）がある。この著書の副題は「戦後福岡県の教育運動私史」となっているが、これを基にして福岡の民教研運動をたどってみたい（以下「」内は同書からの引用）。

福岡県の第一回民教研集会は一九六二年に開催された。この時のことを『急いで40年』は、次のように書いている。

「第一回の『福岡県民間教育研究団体合同研究集会』は一九六二年三月二九〜三〇日の二日間、若松市で開催した。そのときは福教組も後援団体だった。〔略〕参加者は百三十名だったが『勤評・学テ体制を内側から中身から変えていく任務を果たそう』と確認して散会した。福岡の民間教育研究運動も『作文教育』中心から脱皮していく」（六六ページ）

一九五〇年代の初めからここに至るまでの一〇年間の歩みを、『急いで40年』によって簡単にまとめてみると次のようになる。福岡県で運動の基礎になる少人数の研究サークルが生まれたのは、一九五二年五月五日の「若松作文の会」であった。翌五三年には福岡県京都郡に「みやこ作文の会」が、一一月に「福岡県教育科学連絡協議会」が発足した。この時期について同書は書いている。

「朝鮮戦争下、アメリカ占領軍の弾圧、『逆コース』の開始、組合の右翼的再編。その結果として、職場は暗く、自由と民主主義は奪われていった。その中で、『平和と民主主義』を求めた教師たちは、全国的な『生活綴方運動』や『教育科学研究運動』に刺激され、自然成長的な形で、サークルが生まれていた。県内のサークルの結成の時期、名称の違いはあったが、共通の課題として、◆平和と民主主義教育をすすめる。◆生産や労働の教育を大切にする。◆民族の独立の問題を追及〔ママ〕する。ということが最大公約数であった」（一八ページ）

一九五四年には、福岡と全国的な交流も始まる。

「一月に静岡で第三次全国教研が開かれ、桜河内と矢野健造（元福岡市議）が、『平和的生産人育成のための教育』分科会の正会員として参加した。森下亨（同運研事務局長）もいっしょだった。桜河内は、分科会で『平和的生産人とは、すばらしい労働者を作ることである』などと勇ましい発言した。しかし、北海道の三上敏夫など、生活綴方の地道な実践家は、『子どもの生活現実を大切にし、地域の人たちと手を結ぶ』ことを主張した。『自分たちの教育は、教条的だった』と教えられた。〔略〕静岡集会は、わたしをふくめた若松の研究と実践の遅れを痛感した。この集会を契機にして、全国の実践家とサークルとの交流がはじまった」（二二ページ）

『急いで40年』では触れてないが、静岡大会では南原繁が、二一世紀の今日にして思えば大変重要な問題について講演している。それは、憲法・教育基本法改悪が具体的政治日程にのぼっている中で、論議の中心になっている「教育の中立性」の問題であるので、ぜひ触れておきたい。

南原繁は講演で次のように述べている。

戦後確立された新しい教育の理念と学問の自由は、いまや「教育の中立性」の名において脅かされようとしている。私はこの声がどこから、だれから出て来たか、動機は何か、ということに大きな関心を持つものだ。元来教育を時の権力や不当な圧迫から守ることが「教育の中立性」である。しかるにこの教育の中立性という声が時の政府やその任命した中央教育審議会から出てきたことを見逃すことはできない。教師にとって、教育の中立は本来われわれの生命である。教育中立の原則はすでに教育基本法によってはっきりと掲げられているはずだ。何を好んで政府はこと新しく教育の中立性をうたおうとするのか。教員にもいうべき権利と義務はある。教師たるが故に、その権利が制限されてよいものであろうか。教師の理性が信頼できないというのであろうか。一党一派から出た今度の中立性論こそ、むしろ正しい教育の理念を侵すものである〔略〕。とに角教育の中立の名で平和や自由という言葉さえタブーとしていえなくなる時代が来つつあることはわれわれにとって重大なことだ。

（「朝日新聞」一九五四年一月二五日付夕刊）(82)

実際に、一九五三年には山口県教組日記事件が起こり、翌五四年、文部省は国会で「偏向教育の実例」を公表して、京都旭丘中学の民主教育を「教育の中立」の名において攻撃したのである。こうして平和と民主教育を守る教育運動と、教育基本法を踏みにじる改憲勢力とのたたかいは、これから半世紀以上にわたって続くのである。

一九五五年に入ると、福岡県で最初の民間教育研究大会として、三月に「第一回福岡県作文教育研究大会」を行橋で開催し、七月にはサークル主催の「第一回若松市作文教育研究集会」が開かれ成功した。

一九五六年、五七年と確実に民間教育運動は前進し、拡がりを見せた。しかし一方、政府自民党の反動的文教政策は、勤務評定をてこに民主的教育運動に襲いかかった。福岡でも五八年五月七日の全一日ストをピークに、勤評反対闘争がたたかわれた。そして、勤評闘争に引き続く三池闘争・安保闘争に、福岡の教育労働者は福教組を中心にたたかい続けたのである。

たたかいに明け暮れる中で、教育実践・サークル活動・民教研運動などが阻害されたことは事実である。『急いで40年』は第四回九州教科研大会について、次のように記録している。

「第四回集会は、一九五八年長崎開催が決定していたが勤評闘争で流会していた。『伝統を断絶させるな。』ということで、再び福岡県で引き受け、会場は若松になった。〔略〕勤評闘争下で、米日反動の本質を明らかにしながら、教科の本質と、『何をどう教えるか』が討議の中心になった。〔略〕参加者百五十名は少なかった。しかし、この集会を実施しなかったら、今の

九州民教研はどうなっていたかわからない」(五八ページ)

こうして、第四回九州教科研集会は大槻健や蓑田源二郎の講演を入れて、若松市で一九五九年一二月に開催された。

学力調査(学テ)反対闘争と福岡

勤評・三池・安保が終息すると、池田自民党政府は、新駐日大使ライシャワーと結んで日本の労働運動・平和運動・民主運動に対して、高度経済成長政策とともに分裂と懐柔政策を推し進めた。総評・日教組の特定政党支持のしめつけは強化され、原水禁運動・母親大会も分裂させられた。

一九六〇年七月、自民党文教問題対策委員会は「教職員の日教組脱退促進に関する対策」を決定し、発表した。その中では、「日教組の革命教育を排除しわが国教育の正常な発展をはかるため、基本的には正しい教育理念の確立に努めると共に、当面、一般教職員を日教組の制約から解放することが緊急の要務であると考える[83]」と述べている。

こうした保守的反動派の動きに呼応して、文部省は一九六一年四月、全国中学校一斉学力調査実施要綱を発表し、教育の国家統制に乗り出した。この要綱では、六〇年まで実施してきた学力調査（以下「学テ」）を、指定校または希望校から全国一斉（悉皆）に実施するように変えるものであった。これに対して、日教組はもちろん福教組も全面的に反対の態度を確立して、学テ実施阻止の具体的方針を決定した。

　福教組は五月二八日から三日間の日程で第二三回定期大会を開催し、次の方針を決定した。「学力調査とくに中学校の全国一斉の学力テストに対しては、動員を背景に県教委交渉を強化し、実施不当の確約をとり、返上させるとともに、学年当初の学力調査参加希望を返上し、学力テスト実施反対の闘いの中から組織の闘争態勢を整備し、更に、父母、労働者、農民にその本質を明らかにするとともに、最終的には教師の教育を掌る権利を行使して、九月二六日及び一〇月二六日の実施日には平常通りの授業を敢行し、その実施を阻止する[84]」

　こうした福教組大会の方針は、七月の日教組再開大会の方針を乗り越えるものであった。それは、日教組の方針が、九・二六より一〇・二六に重点がかかり、戦術面でも最終的に労務提供拒否にとどめるとしたのに対し、福教組は「教育権を守る立場で平常授業を敢行する」、「九・二六と一〇・二六を同質のものとして闘う」（『福岡県教組20年』四三六ページ）としたことにある。

　この福教組の方針については、「日教組全体が、福教組の方針にそってたたかいを進める方向を打ち出した」（同前、四三六ページ）といわれている。福教組が提起し決定した、学テに反対して平常授業を行うという方針は、父母・労働組合・大方の市民に学テの本質と非教育的な内容に対する理解を広め、強行しようとする教育委員会の内部矛盾を深めたのである。

こうした立場で福教組は、五月から八月まで粘り強い対教育委員会・対校長（会）交渉を積み重ねていった。こうした中で闘争態勢は急速に盛り上がり、「六月一五日には二〇〇余もあった小学校のテスト実施希望校が、八月には九〇余校へと減少するにいたった」（同前、四四二ページ）。

九月一九日には、日教組特別指令に基づき次の内容を含む福教組指令を発した。「九月二六日、指定校・希望校分会の全組合員は学力調査実施を拒否し、教育計画にもとづく平常操業《ママ》を実施すること」（同前、四四四ページ）。さらに「福岡県地公労共闘会議も、二五日には、学力調査反対、地公労統一要求貫徹の総決起大会を開くことを決定し、共闘態勢の前進もみられた」。「希望校返上対策の結果、八月上旬には九〇余校あった希望校も九月中旬までにはほとんどすべての返上をたたかいとることができた」（同前、八四五ページ）

「九月二六日当日は、さまざまな困難な条件を排除してたたかいが組織された結果、県下指定校五六校中、完全阻止二四校、不完全阻止一三校、実施一九校という成果をあげ、事実上県教委の意図を粉砕することができた」。「この福教組の九・二六闘争は日教組全体のなかにあって最も先進的であり、その成果はきわめて大きな意義をもつものであった」（同前、四四五〜

四六ページ）

以上、『福岡県教組20年』によって概略を見てみたが、九・二六闘争では福教組がほぼ全面的に勝利したことは間違いない。その後の経過についても同書を引用させてもらおう。

「九・二六闘争以来、福教組が、教師の教育権に干渉する圧力に対し、徹底的に抵抗する姿勢をくずさず、さらに他労組・民主団体との共闘態勢を固めてあくまで実施反対の態度を堅持したことが、地教委に大きな打撃を与え、ついに、実施前提のワクをはずしてでも話し合いたいという態度に出ざるをえない状況に追いこんだのである。その結果、一〇月二六日の中学校一斉学力調査では、県下三〇四校中二二一校、比率にして全体の約七三％に対する完全阻止に成功することができた」（同前、四四九ページ）

以上の成果をもとに、福教組は一一月の県評議員会で一〇・二六闘争を総括し、その中の一つとして次のような教訓も明らかにした。

「たたかいのなかで教育現場の矛盾が明らかになり、学力調査闘争と教育実践を一体的にたたかう方向がはっきりしてきた。〔略〕抽象的な議論としてではなく、ひとりひとりの教師の教育実践と結びつく問題として『民主教育とは何か』『学力とは何か』を考え、反省し、説明しなければならなかった。このようななかで、現場の組合員は教育実践と学テ反対闘争を一体のものとして把握し、教育の権力統制を批判し、民主教育を確立するたたかいに立ち上がって

いった」（同前、四五〇ページ）

一九六二年度の学力調査について文部省は、小学校の抽出率を五％から二〇％に引き上げ、中学校は前年同様悉皆調査とした。実施期日は、小学校七月一一日、中学校七月一一・一二日であった。これに対して福教組は前年度同様、「当日は教師の教育権を確保し、計画通りの平常授業を行なうための闘争態勢を盛り上げる。このため統一闘争を組織し、この態勢を背景に中央交渉を強化し解決をはかる」ことを、五月一九～二一日の大会で決めた。

しかし、日教組は六月の臨時中央委員会と、七月の全国代表者会で福教組の戦術を容れることなく、「業務命令が出れば従う」という「戦術ダウン」を認める決定をした。

こうして、六二年度の学テは、小学校非指定校についてはかなりの成果をあげることができたが、「指定校については、中学校・小学校ともに県内全校で実施された」（同前、四六五～六六ページ）。

一九六三年度の学テ反対闘争は、福教組も全国的統一闘争の中でたたかう方針を決定して行動した。六〇年代は勤評・学テ反対闘争だけでなく、「高校全入運動」、「教科書検定裁判支援」など国民的な教育闘争・運動が展開された時期であった。

こうしたたたかいの中で、一九六四年、福岡地裁小倉支部、福岡高裁で「学テ違法」の判決が出され、次いで六五年には、福岡県教委が学テを返上した。こうした動きの中でついに文部省は、六九年以降学テを全国的に中止せざるを得なくなったのである。

県民教連の再生

再び、『急いで40年』を見てみよう。

一九六四年「七月、福岡県教育研究サークル連絡協議会の『運営要綱』が決まった」。要綱六項目のうち、サークルの性格を示すものとして次の二項目があった。「3、この会は全国的に組織された各種民間教育研究団体、教職員組合その他の民主団体と共通の目標（平和を守り、真実をつらぬく民主教育の確立）を実現するために友好団体として、協力提携します。4、この会は、合同研究集会・機関紙誌の発行、その他民主的な教育研究運動を発展させるために各種の事業をおこないます」（七八ページ）

こういう方針に沿って登場したのが、「福岡県生活指導研究協議会（県生研）と福岡県歴史教育者協議会（歴教協）である。この二つとも、民教研の『生活指導部会』『歴史部会』から生まれた」。「この年の、全県的なサークルは、◆福岡県作文の会（中尾広治）◆新しい絵の会（桐畑隆行）◆創造美育協会福岡県支部（山下達也）◆数教協サークル（坂篤）◆県生研◆県歴教協（菊川春暁）の六つになる」（七八〜七九ページ）

ところが、福教組と民教連との関係は一つの転機を迎える。「福教組とは、それまでは協力共同の関係にあった。しかし、サークルのメンバーである下川忠範・藤野達善・横地秀夫・桜河内正明らが県教組役員選挙に立候補し、決選投票するようになってぎくしゃくしてくる。県教組のサークルに対する方針も変わってくる。〔略〕『機関決定の枠内での活動』が前面に出てくる」（七九ページ）

一方、激しく粘り強い反対運動によって、全国一斉学力調査の実施を検討せざるを得なくなった池田内閣・文部省は、一九六六年一〇月三一日、中教審答申で成文化した「期待される人間像」(85)を発表した。これは、国家・企業に忠実な人づくりを目指すもので、その中では、一、「今日世界において、国家を構成せず国家に所属しないいかなる個人もなく、民族もない。〔略〕国家を正しく愛することが国家に対する忠誠である。正しい愛国心は人類愛に通ずる」。〔略〕二、「日本の歴史をふりかえるならば、天皇は日本国および日本国民統合の象徴としてゆるがぬものをもっていたことが知られる。〔略〕しかも象徴するものは象徴されるものを表現する。もしそうであるならば、日本国を愛するものが、日本国の象徴を愛するということは、論理上当然のことである」と、愛国心と象徴（天皇）について明記したのである。

「期待される人間像」については当然のことながら、福岡県第八回民教研集会で取り上げられ、桜河内正明は「期待される人間像」に対置する教育実践を提起した。

「ここで、勤評・学テ＝安保体制の下で、子どもや職場の実態はどうなっているか。それがどこからきたのか。どう対処するか。ということを、今までの積み上げの成果に学んで明らかにしてください。そして、言語、科学、芸術、体育、技術、道徳の目標や内容、方法を示してください。その力はわれわれにはあるし、作りあげる時期に来ていると思います」（八六ページ）

「この年、民間教育研究団体の大会の一つ、『歴教協』の全国大会を福岡市で開いた。福岡県で開かれた最初の全国大会であった。若松は、速報係を引きうけた。野依・市来・桜河内がその仕事を引きうけた。『大会始まって以来の充実した速報』と喜ばれた。県歴教協は、この大会成功を契機に発展していく。門司・小倉・みやこ・戸畑・若松・八幡・直方・嘉飯・田川・福岡・三井・久留米・浮羽・大牟田に支部がつぎつぎに結成された。県作文の会に代わって県民教連の機関車の役割を果たしていく」（八六〜八七ページ）

県歴教協の結成（一九六四年五月）とその後の活動については、『歴史に学び、平和を求めて――福岡県歴教協30年史』（一九九四年）に豊富な資料とともにまとめられている。その中で会員の一人藤野達善は次のように語っている。

「社会的には、大安保闘争の後なんですよね。だから、全国で地域共闘は二〇〇〇で、福岡県内はどのくらいできていたのか、小学校単位に、全国で一番多くできているんですよね。例えば当時県歴教協の会員だった森崎守さんは宮竹小学校の分会長で、宮竹校区地域安保共闘を作って、昼休みデモなんかをやって非常に高揚して岸内閣は倒れるわけです。新安保条約の批准は時間切れで自然成立するけれども、岸内閣は退陣するということで、全国的にもまた福岡県民のたたかいも非常に高揚した時期ですね。〔略〕全国的に安保共闘がこわれる中で、福岡県はわりに残るんです。そして板付包囲の『一〇万人大集会』を開く力量を県民は温存していた。だから福岡県歴教協の勢いは、こういう県民の力量に裏打ちされていたと思いますね[86]」

以後、県歴教協は、身近な歴史を掘り起こし教材化することを重視しながらも、一九六七年から始まる「建国記念の日」、六八年の「明治百年祭」、さらには沖縄復帰運動、高校検定教科書問題など自民党・保守派の反動的思想攻撃に対し、民主勢力の一方の中心として反対運動の中で一定の役割を果たすことになった。

二〇〇五年は戦後六〇年にあたるが、この年の一〇月二八日、自由民主党は「自民党新憲法草案」を公表し、ついで、日本国憲法制定・公布五九年にあたる二〇〇六年の四月二八日、「教育基本法案」を閣議決定し、初めて国会に提出した。教育基本法が制定・公布されたのは一九四七年三月三一日であるから、これまた六〇年ぶりということになる。自民党が国家の基本に関わる憲法や教育基本法の「改正」と言わずに、新法制定をもくろんでいるということは、戦後六〇年間、日本国民が営々と築きあげてきた〝平和と民主主義・人権尊重の国家体制〟を作り変える意図を持っていると言わざるを得ない。

教育基本法はその前文の冒頭に、「われらは、さきに、日本国憲法を確定し、民主的で文化的な国家を建設して、世界の平和と人類の福祉に貢献しようとする決意を示した。この理想の実現は、根本において教育の力にまつべきものである。〔略〕ここに、日本国憲法の精神に則り、教育の目的を明示して、新しい日本の教育の基本を確立するため、この法律を制定する」と明記した。これによって、憲法なくして教育基本法は成り立たないことが明らかにされた。教育基本法が日本の教育の根本を定めた「準憲法的な法律である」といわれる由縁である。

2002年，「3.24福岡県民集会」における著者（福岡市・冷泉公園）

ところが、第二次世界大戦後の米ソの対決が「冷戦」といわれるようになると、日本国憲法が施行された翌年の一九四八年、早くもアメリカの軍部と政府の間では、日本の再軍備とそのための憲法改定の必要性が論議になり、四九年二月二八日には、アメリカ陸軍長官ロイヤルの覚書に基づいて「日本の限定的再軍備」がアメリカ統合参謀本部の決定となったのである。

実際に、一九五〇年六月に朝鮮戦争が始まると、アメリカ占領軍（ＧＨＱ）の超憲法的な指令によって警察予備隊が創設され、やがて保安隊から五四年には自衛隊になり、事実上の軍隊に成長したのである。そして、五三年の池田・ロバートソン会談で、日本の再軍備の制約として憲法と教育基本法をあげ、愛国心と自衛の自発的精神を養うことが約束されたことは既に述べたとおりである。

この度（二〇〇六年四月二八日）国会に提出された教育基本法案が審議入りした五月一六日の衆議院本会議で、自民党議員（下村博文）は冒頭質問で次のように発言した。

「ＧＨＱの影響下にあった現行教育基本法を改正し、我が国の伝統や文化に根ざした真の日本人を育成することは、憲法改正と並んで、自民党結党以来の悲願でありました」

ここでは、戦前、侵略と植民地支配を拡大した戦争への痛切な反省から生まれた憲法と教育基本法の成立史を無視し、戦後一〇年足らずで憲法改定・日本再軍備を強要したＧＨＱとそれに追随した自民党的保守勢力の伝統を受け継ぐ姿が丸見えである。憲法・教育基本法は占領下でＧＨＱによって押しつけられたものであるから自主的なものに変えなければならない、という論理は、自民党・公明党・民主党をはじめとする改憲派の共通する論理の出発点である。しかし、これが史実に照らして嘘であることは、本書がこれまでに明らかにしてきたとおりである。

このような改憲派の改憲・教育基本法破壊の策動が、半世紀にわたって執拗に繰り返されたにもかかわらず、その都度失敗に終わり、二一世紀の今日未だに彼らの思惑どおりにいっていないのは、護憲派・平和と民主主義を守る国民的な力が強固であることを示している。そして、この国民的な力を支えているのが、ほかでもない憲法と教育基本法の条文と精神そのものなのである。

注記

第一章　敗戦と治安維持法の廃止

（1）志田信『原子爆弾の話』（東京大学出版会、一九五二年）八七〜八八ページ
（2）西島有厚篇『原爆投下問題関係参考資料』（西洋史講義用テキスト）一三〜一四ページ
（3）歴史学研究会編『太平洋戦争史 Ⅳ』（東洋経済新報社、一九五四年）一五九ページ
（4）同前、一六二ページ
（5）同前、二二五ページ
（6）藤原彰『国民の歴史 23』（文英堂、一九七〇年）二八〇ページ
（7）荻野富士夫『特高警察体制史』（せきた書房、一九八四年）四〇二ページ
（8）同前、四二八ページ
（9）粟屋憲太郎編『資料 日本現代史 3』（大月書店、一九八一年）一八七〜八八ページ
（10）粟屋憲太郎編『資料 日本現代史 2』（大月書店、一九八〇年）三八九〜九六ページ
（11）横浜事件…二〇〇三年四月一日付「西日本新聞」社説。「太平洋戦争中の日本で最大の言論弾圧事件とされる『横浜事件』で元被告の遺族が申し立てた第三次再審請求で、横浜地裁が再審開始を決定した。戦後六十年近く経過してようやく、元被告たちの名誉を回復し、救済する道が開かれることになる。／この事件は、戦時中、神奈川県警の特別高等課（特高）が、雑誌『改造』『中

央公論』の編集者や新聞記者ら約六〇人を、共産党再建の謀議を行ったなどとして治安維持法違反容疑で逮捕し、約三〇人が起訴された。その多くは終戦直後の一九五四年八月下旬から九月中旬に、懲役二年、執行猶予三年の有罪判決を受け、確定した。〔略〕」。参考文献＝堺弘毅『「横浜事件」資料集』（二〇〇三年）

（12）前出『特高警察体制史』四二八ページ

（13）天皇・マッカーサー会見写真事件：歴史学研究会編『戦後日本史 I』（青木書店、一九六一年）六七〜六八ページ。「九月二九日〔正しくは二七日〕吉田外相は天皇とマッカーサーとの会見を段取りし、天皇は濠ばたの第一生命ビルにある総司令部にマッカーサーを訪問した。〔略〕この訪問の際天皇とマッカーサーがならんでとった写真が、新聞に大きく掲載された。〔略〕こんな写真は民衆の心のなかに強く残っている荘厳な天皇の印象をうちこわす感覚的効果を与えるであろう。その効果を懸念した政府は掲載紙を発売禁止の処分に付した。がこれに対して総司令部は直ちに処分撤回を命じたのであった」

（14）同前、七一ページ

（15）『高松宮日記 第八巻』（中央公論社、一九九七年）二八六〜八七ページ。「一月一日（火）〔略〕詔書発布　マコトニ結構ナルモノダッタガ、『現御神《あきつみかみ》』ノ三字ハ別ノ『神』ト云フダケノ字カ何ニカニシタカッタ。幣原総理大臣ガ英文デカイタ原稿ヲ『マック』ニ見セテ、ソレヲ和文ニナホシタノデ、侍従職デ一度訂正シタガ、ドウモ原文ト異ナルトテソノママニナリシ由〔略〕」

（16）前出『戦後日本史 I』一〇四〜〇七ページ

（17）法政大学大原社会問題研究所編『社会・労働運動大年表 第二巻』九ページ解説欄

(18) 予防拘禁：治安維持法（一九四一年三月公布）「第三九条　第一章ニ掲グル罪ヲ犯シ刑ニ処セラレタル者其ノ執行ヲ終リ釈放セラルベキ場合ニ於テ釈放後ニ於テ更ニ同章ニ掲グル罪ヲ犯スノ虞アルコト顕著ナルトキハ裁判所ハ検事ノ請求ニ因リ本人ヲ予防拘禁ニ付スル旨ヲ命ズルコトヲ得〔略〕」

(19) 保護観察：思想犯保護観察法（昭和一一年五月公布）「第一条　治安維持法ノ罪ヲ犯シタル者ニ対シ刑ノ執行猶予ノ言渡アリタル場合又ハ訴追ヲ必要トセザル為公訴ヲ提起セザル場合ニ於テハ保護観察審査会ノ決議ニ依リ本人ヲ保護観察ニ付スルコトヲ得本人刑ノ執行ヲ終リ又ハ仮出獄ヲ許サレタル場合亦同ジ」

(20) 前出『特高警察体制史』四三三ページ

第二章　戦後労農運動の再建と組織化

(21) 前出『資料　日本現代史　3』一七〇ページ（以下、内務省関係は同資料）

(22) 日本経営史研究所編『全日本海員組合四十年史』（全日本海員組合出版、一九八六年）六七ページ以下。引用にあたっては『四十年史』

(23)『日炭高松組合十年史』（日炭高松労働組合、一九五九年）六一ページ

(24) 山本経勝：愛媛県出身、南予地方で農民運動、一九三二年治安維持法違反で検挙・投獄五年、出獄後日本炭鉱遠賀鉱業所に鉱員として入所。戦後直ちに労働組合の結成に取り組み、日本炭鉱労働組合九州地方本部委員長などを歴任。一九五五年参議院議員（社会党）、一九五八年没。

(25) 連合会闘争：「高松労組が、三月三日連合会として結成されてから、第一にとりくんだのは、

団体協約の締結だった。すでに筑鉱連でスローガンとしてかかげていた有給休暇、女子生理休暇の制定、物価手当、生計手当など七項目を要求することをきめ、毎日会議をひらいて闘争方針をねり、もし要求が入れられねば全山ストライキでたたかうことになった。〔略〕戦前にもなかった日炭高松労働者の初めての一斉ストが十二日整然とおこなわれた」（『十年史』八〇ページ）。会社側は要求全部を認め、このストライキは二日間で終わった。

(26)「生産管理」闘争：「一九四五年末から四六年前半にかけて、生産管理という形での労働争議が激増した。四五年一〇月から五十余日で勝利した第一次読売争議がその最初であったが、四六年四月には二九件、参加人員二万三九六一名に達し、最盛期を示している。〔略〕生産の低下とインフレのなかで労働者の実質賃金はどんどん低下していた。こうしたなかで労働を放棄して賃金も失うという通常のストライキの方法では、〔略〕使用者には何の打撃にもならないことは明らかであった。加えて戦後の民主化の要求は、労働組合の経営参加、経営の民主化を強く要求するものとなり、〔略〕争議行為として組合が業務を管理し、平常どおり仕事をし、要求を貫徹していくという生産管理の方法をひろくとらせていったのである」（『事典 日本労働組合運動史』（大月書店、一九八七年）二一一ページ）

(27) 戦前の福岡のメーデーの歴史については、大瀧一の小論「戦前のメーデーの歴史に学ぶ」（福岡県教育問題総合研究所発行「福岡教育問題月報」一八六号、二〇〇三年五月）参照

(28) 法政大学大原社会問題研究所編『写真でみるメーデーの歴史』（労働旬報社、一九七九年）三四ページ

(29) 開会宣言を読んだのは「仕事の合間をぬって焼けビルにたてこもり、夜を徹してメーデー宣言

や県知事市長宛決議文を書き、挙げ句の果てにクビにまでなった」石炭統制会の永末清作氏だった（一九八〇年頃永末清作氏談）。

（30）『不屈の記録――西労三十年史』（新聞労連西日本新聞労働組合、一九七五年）第一章参照

第三章　日本国憲法と教育基本法の制定

（31）多聞隊：『太平記』によれば、楠木正成の幼名を多聞丸といった。回天特別攻撃隊には、楠木正成に因んだ名称がこの他にも付けられた。菊水隊（菊水の紋所は正成もこれを旗印に使った）、金剛隊・千早隊（一四世紀の南北朝時代に南朝の後醍醐天皇に味方した楠木正成は河内〔大阪府〕の金剛山に赤坂城や千早城を築いて北条幕府軍とたたかい鎌倉幕府を滅亡に追い込んだ）などである。

（32）外務省編『終戦史録 6』（北洋社、一九七八年）月報所収「ポツダム宣言受諾の前後」

（33）神勅：「豊葦原《とよあしはら》の千五百秋《ちいほあき》の瑞穂《みづほ》の国《くに》は、是《こ》れ吾《あ》が子孫《うみのこ》の王《きみ》たるべき地《くに》なり、宜《よろ》しく爾皇孫《いましすめみま》就《ゆ》きて治《しら》せ。さきくませ。宝祚《あまつひつぎ》の隆《さか》えまさんこと、当《まさ》に天壌《あめつち》と窮《きはま》りなかるべし」。この神勅は、一九四〇年の第五期国定教科書「初等科国史」の目次に次ぐ本文の冒頭に掲げられた。八世紀の初頭に天皇家を中心に大和王朝の諸氏にまつわる神話・伝説・説話をまとめた『古事記』、『日本書紀』に書かれた「高天原」という天孫降臨の物語で、戦前・戦中に日本は天皇を中心とした「神の国」であることを強調するために使われた。

（34）蒼生《そうせい》：人民のことをいった。天皇にとって日本国民は臣下であり蒼生（民草《たみくさ》）であり赤子《せきし》であった。なお、立命館大学名誉総長であった末川博はその論考で次のように述べている。「軍国主義

的ないし帝国主義的な国策にそうての政治を推進するためには、一方的に上から命令し号令をかけるままに動くような忠勇な臣民、いいかえれば人間性を否定されて民草と呼ばれるような人間をつくる必要があったのだから、教育はもっぱらそのような臣民を育成するために利用されていたのである」（末川博「憲法と教育基本法」〔『教育基本法』新評論、一九七五年〕二五ページ）

（35）詔書必謹：七世紀の初め（六〇四年）に聖徳太子が作ったといわれる「憲法一七条」の第三条「詔を承《うけたまわ》りて必ず謹め」（天皇の命令には必ず従え）に由来する。

（36）吉田裕久『戦後初期国語教科書史研究』（風間書房、二〇〇一年）九五ページ以下

（37）政府提出の憲法草案（松本案）：内閣法制局次長として松本烝治国務大臣とともに新憲法制定に深く係わった佐藤達夫は、その著書『日本国憲法成立史』第二巻（有斐閣、一九六四年）で、松本案に対する総司令部側の評価について次の記述を引用している。「改正草案は、明治憲法の最もおだやかな修正にすぎず、日本国家の基本的な性格はそのまま変わらずに残されている」、「提案された改正案は、もっとも保守的な民間草案よりも、さらにずっとおくれたものである。意図されたところは、明治憲法の字句を自由主義化することによって、総司令官（ＳＣＡＰ）の容認しうるものにし、実際の憲法は、従来どおり漠然とした弾力性のある形で、支配層が適当に適用し、解釈できるようにしておくことであったことは、まったく明瞭である」（七一八ページ）

（38）極東委員会一一カ国：ソ、英、米、仏、中国、オランダ、カナダ、オーストラリア、ニュージーランド、インド、フィリピン（四九年一一月、ビルマ、パキスタンが加わり一三カ国になる）

（39）「朝日新聞」一九四六年三月八日付：憲法改正草案要綱発表に際してのマッカーサーの声明を全文掲載

(40)教育勅語：正式には「教育に関する勅語」。法制局長官井上毅の案文に儒学者元田永孚が加筆修正

(41)神田修・寺崎昌男・平原春好共編『史料　教育法』（学陽書房、一九七三年）三一六ページ所収の「勅語及詔書の取扱について」の内容を要約した。なお、以下『史料　教育法』は本書による。

(42)宗像誠也編『教育基本法――その意義と本質』（改訂新版、新評論、一九七五年）四二ページ

(43)同前、四三ページ

(44)佐藤達雄著『日本国憲法成立史　第四巻』（有斐閣、一九九四年）九一六〜一七ページ

(45)前出『教育基本法――その意義と本質』五一・五二ページ

(46)前出『史料　教育法』六五ページ（「小学校令」一八九〇年一〇月七日勅令）

(47)同前、八四ページ（「国民学校令」抄、一九四一年三月一日勅令）。なお、本文に引用したその他の教育関係の勅令、閣議決定などは、参考資料として同書に採録してあるので参照されたい。

(48)大原社会問題研究所編『社会・労働運動大年表　第一巻』（労働旬報社、一九八六年）三四八ページ解説欄

(49)『万葉集』四三七三「今日よりは顧みなくて大君の醜の御楯と出で立つ吾は」右の一首は、火長今奉部与曾布《いままつりべのよそふ》（岩波文庫より）。

(50)「全教」の代表五名（羽仁五郎、小野俊一、羽仁説子、稲垣正信、佐藤光雄）は、一九四六年三月三〇日にアメリカ教育使節団と会見して報告書を提出したが、その内容の一つに次の文言があった。「視学制度と官製教科書とは、文部省の専制主義の二大武器であって、これにより文部省は教員の任免待遇決定の専制権力をにぎり、窮乏、過労、失業の恐怖により教員を無力にし、教員

に無批判的盲従を強制しつつ、生徒の柔い頭に帝国主義奴隷主義をたたきこんだのであり、現在まだ真に反省の誠意を示して居ない」。なお全教の使節団への報告は、伊ケ崎暁生・吉原公一郎編著『戦後教育の原点② 米国教育使節団報告書他』(現代史出版会、一九七五年)六三ページ。

第四章 「教え子を再び戦場に送らない」教職員の運動

(51) 大瀧一『福岡における労農運動の軌跡 戦前編』(海鳥社、二〇〇二年)三〇七ページ以下
(52) 宮原誠一他『資料 日本現代教育史 1』(三省堂、一九七四年)四三四ページ
(53) 同前、四三五ページ
(54) 福岡県教職員組合編『福岡県教組20年』(労働旬報社、一九七〇年)二七ページ
(55)『事典 日本労働組合運動史』(大月書店、一九八七年)二〇七ページ
(56) 塩田庄兵衛『日本労働運動の歴史』(労働旬報社、一九六五年)一五四ページ
(57) 前出『福岡県教組20年』五四ページ
(58) 福岡県高等学校教職員組合編『福岡県高教組20年のあゆみ』(労働旬報社、一九七〇年)五六ページ
(59) 前出『福岡県教組20年』五八ページ
(60) 湯浅晃『戦後教育労働運動の歴史』(新日本出版社、一九八二年)五一ページ
(61) 団体等規正令(一九四九年四月四日政令第六四号):「第二条 その目的又は行為が左の各号の一に該当する政党、協会その他の団体は、結成し、又は指導してはならない。一、占領軍に対して反抗し、若しくは反対し、又は日本国政府が連合国最高司令官の要求に基いて発した命令に

対して反抗し、若しくは反対すること。〔以下二～七号は略〕第四条　左の各号の一に該当する団体で法務総裁の指定するものは、その指定によって解散する。一、第二条に該当する団体。〔以下略〕」（塩田庄兵衛他編『戦後史資料集』〔新日本出版社、一九八四年〕二一八～一九ページ）

(62) 大原社研『社会労働運動大年表　第二巻』一五二ページ解説欄

(63)『日教組20年史　資料編』（労働旬報社、一九七〇年）一一三五ページ

(64) 同前

(65) 宮原誠一他『資料　日本現代教育史　2』（三省堂、一九七四年）一四ページ

(66) 同前、二六ページ

(67) 同前、三〇ページ

(68) 同前、三一ページ

(69) 同前、三三ページ

第五章　安保体制下の教育闘争

(70) 池田・ロバートソン会談：前出『資料　日本現代教育史　2』五〇～五四ページ

(71) 教育二法：①教育公務員特例法（一部改正）「公立学校の教育公務員の政治的行為の制限」②義務教育諸学校における教育の政治的中立の確保に関する臨時措置法「義務教育（公私立の小中学校）の教職員の政治活動には刑事罰を科す」。いずれも一九五四年六月三日成立。

(72)『日教組20年史』（労働旬報社、一九六七年）二四三～四四ページ

第六章　民間教育運動の展開

（73）山口県教組「平和教育プラン」：一、平和教育の出発点（なぜ平和教育を展開するか）1、教育は、つねに「その所」の事実にたって行なわれている。戦前・戦後・現代の教育は、それぞれ社会の現実に動かされ、働きかけている。（教師自身が意識するとしないとにかかわらず、その時代の社会をある方向へ導く役割をしている。）――そこで、日々の教育が、どのような作用をしているか、的確につかまなければならぬ。2、教師は「風潮」「世論」（と称せられているもの）や権威に迎合するのではなく、「その時」「その所」の事実を批判し、「社会の現実」を進歩させていくための具体的な教育のありかたを計画しなければならない。――民主教育をおしすすめるうえの障害を自覚しなければならない。3、私たちの仕事は、人間を幸福にする社会をつくる能力を子どもの身につけることである。あまりに高価な経験であった戦争を、絶滅する能力をつくるための努力は、教師の当然の責任である。〔4、5略〕6、以上のことは、憲法・教育基本法を空文化させないことであり、全教科、日々の指導の中で行なわれる「平和教育の展開」である。それは、正しい教育のありかたであり、望ましい人間像とそれへ到達するための具体的な実践である。

（前出『資料 日本現代教育史 2』五二三ページ～）

（74）旭丘中「生徒綱領」：綱領「だれもかれもが力いっぱいにのびのびと生きて行ける社会、自分を大切にすることがひとを大切にすることになる社会、だれもかれもが『生まれて来てよかった』と思えるような社会、そういう社会をつくる仕事が私たちの行く手に待っている。その大きな仕事をするために私たちは毎日勉強している。私たちは次ぎのことがらをいつも忘れずに大きい希望と自信とをもち、みんな力をあわせてがんばっていこう。（以下項目のみ）一、祖国を愛しよう／二、民族を愛しよう／三、勤労を愛しよう／四、科学を愛しよう／五、公共物を愛しよう／六、『仕方がない』をやめよう／七、しりごみをやめよう／八、いばるのをやめよう／九、ひやかしやかげぐちをやめよう／一〇、ムダをやめよう」（同前、五二八ページ）

(75) 前出『日教組20年史 資料編』九三二ページ

(76) 前出『資料 日本現代教育史 2』四九二ページ

(77) 同前、四九〇ページ

(78) 別冊『歴史地理教育』総目録（歴史教育者協議会、一九七六年五月）三ページ

(79) 前出『資料 日本現代教育史 2』五一〇ページ

(80) 同前、五一六ページ

(81) 『ゆっくり急いで40年』：一九八五年に北九州市の小学校を退職した著者が「特にこれからの日本と福岡の教育の担い手である若い仲間のために」（あとがき）書いたものである。なお、同著者は二〇〇五年一二月に、『ゆっくり急いで40年』の続編ともいうべき『退職教師の教育運動二十年――その歩みと、資料の一部』を公刊している。

(82) 前出『資料 日本現代教育史 2』四九六ページ

(83) 宮原誠一他『資料 日本現代教育史 3』（三省堂、一九七四年）八〇ページ

(84) 前出『福岡県教組20年』四三五ページ

(85) 前出『資料 日本現代教育史 3』九二ページ

(86) 『福岡県歴教協30年史』（福岡県歴史教育者協議会、一九九四年）六ページ

『戦後民主化と教育運動』関係年表

年月日	関連記事	掲載頁
一九四五年		
二月　四日	ヤルタ会談（米英ソ三国首脳　～一一日）ソ連の対日参戦密約	4
三月一八日	「決戦教育措置要綱」閣議（小磯内閣）決定	78
五月二二日	「戦時教育令」公布（勅令）	79
六月二三日	沖縄戦事実上終わる	53
七月二六日	ポツダム宣言発表	3
三〇日	鈴木貫太郎首相、ポツダム宣言黙殺談話発表	4
八月　六日	広島に原子爆弾投下	4
七日	トルーマン米大統領、声明発表	4
九日	午前〇時ソ連対日参戦、中国東北区（旧満州）に侵攻	5
	午前一一時二分、長崎に原爆投下	6
一〇日	内務省、各府県警察部長宛に治安確保のための通牒	11
一四日	ポツダム宣言受諾・降伏決定（聖断）	3
一五日	正午、天皇の「終戦の詔勅」玉音放送。戦争終結	8

	一七日	東久邇内閣成立	8
	二五日	自由懇話会の発起人会開催（東京）	81
	二八日	海員組合再建京浜地区準備会結成	29
九月	二日	降伏文書調印	15
	一〇日	GHQの「言論および新聞の自由に関する覚書」（民主化指令）	15
	一五日	文部省、「新日本建設の教育方針」発表	55
	二〇日	文部省次官通牒「黒塗り教科書」基準通達	56
一〇月	一日	自由懇話会発会式	81
	四日	GHQの「政治的、公民的（民事的）及宗教的自由制限の除去に関する覚書」（人権指令）	18・34
	五日	東久邇内閣総辞職（九日幣原喜重郎内閣成立）	18
		全日本海員組合結成	30
	一〇日	政治犯釈放	19
	二二日	GHQ、教育に関する指令	59
一二月	一日	日炭高松で「高松炭業労働組合」創立	35
		西日本新聞社従業員労働組合結成	43
		全日本教員組合（全教）結成（東京神田教育会館）	81・85
	二日	日本教育者組合（日教）結成	86

一六日	九州地方鉱山労働組合（九鉱）結成	38
二二日	労働組合法公布（翌年三月一日施行）	31
一九四六年		
一月　一日	天皇、神格化否定の「人間宣言」公表	19
三〇日	河上肇病没	25
二月　八日	憲法改正案要綱（松本案）をGHQに提出	66
一三日	GHQ、日本政府案を全面拒否して、GHQ憲法草案を提示	66
三月　六日	憲法改正草案要綱発表	67
	米国教育使節団来日	60
二四日	福岡県教育組合（福教）結成	87
四月二二日	全日本炭鉱労働組合（全炭）結成	37
五月　一日	第一七回「復活」メーデー	40
	日炭高松労働組合創立（全日本炭鉱労働組合加入）	37
	〈一〇月闘争＝産業別統一闘争〉	88
一〇月一八日	全国教員組合（全教組）結成	89
二八日	福岡県教員組合協議会（福教協）結成	88
一一月　三日	新憲法公布（翌四七年五月三日施行）	70
一二月二七日	教育刷新委員会「教育の理念及び教育基本法にかんすること」を建議	74

一九四七年		
一月一五日	全国労組共同闘争委員会（全闘）結成	90
二月　一日	二・一ゼネスト中止	91
三月一〇日	全国労働組合連絡協議会（全労連）	92
三一日	教育基本法公布即日実施	74
六月　八日	日本教職員組合（日教組）結成	93
一九四八年		
六月一九日	衆議院、参議院の両院で、教育勅語等の排除失効決議案可決	75
七月二二日	マッカーサー、芦田均首相に「公務員の争議行為等の禁止に関する書簡」送付（→七月三一日政令二〇一号公布）	95
一九四九年		
二月二八日	米統合参謀本部「日本の限定的再軍備」を決定	160
七月一四日	歴史教育者協議会設立	143
一九日	新潟大学で、イールズの反共演説	99
一〇月　一日	中華人民共和国成立	102
一九五〇年		
三月二五日	ストックホルム・アピール署名運動開始決定（平和擁護世界大会委員会第三	

	回総会）	103
六月　六日	マッカーサー、二四名の日本共産党中央委員を公職追放	101
二五日	朝鮮半島で戦争勃発	101
七月一一日	日本労働組合総評議会（総評）結成	101
八月三〇日	GHQ、全労連に解散命令、幹部一二名公職追放	102
九月二二日	第二次訪日米国教育使節団、GHQに報告書を提出	107
一一月二四日	米国国務省対日講和七原則を発表	103
一九五一年		
一月一五日	「全面講和愛国運動協議会」（全愛協）結成	104
二四日	日教組第一八回中央委員会、「教え子を再び戦場に送るな」のスローガン決議	106
二月二一日	世界評議会総会（～二六日）、ベルリン・アピール採択	104
九月　八日	サンフランシスコ講和（平和）条約調印（五二年四月発効）	109
	日米安全保障条約（安保条約）調印	111・115
一一月一〇日	日教組の第一回全国教育研究大会（全国教研　～一二日）開催	140
一九五二年		
二月二八日	日米行政協定調印	117
五月　五日	福岡県、若松作文の会誕生	145・146

一九五三年		
六月　三日	「山口日記事件」	120
七月二七日	朝鮮休戦協定成立	118
一〇月　二日	池田・ロバートソン会談始まる（～一〇月三〇日）	118
一九五四年		
一月二五日	第三回全国教育研究大会（静岡　～二八日）	147
三月一五日	日教組、教育防衛大会	123
五月　四日	京都旭丘中学校事件（三教諭懲戒免職）	149
一九五五年		
六月　七日	日本母親大会（東京　～九日）	125
七月　七日	世界母親大会（スイス・ローザンヌ　～七月一〇日）	125
八日	日本民主党、「うれうべき教科書問題」を国会で取り上げる	121
八月　一日	日本作文の会綱領発表	144
六日	第一回原水爆禁止世界大会（広島　～八日）	125
一〇月　一日	教育科学研究全国連絡協議会（教科研）の指標掲げる	143
一九五六年		
六月　二日	自由民主党（自民党）「教育委員会任命制法案」強行成立	121・126

一一月 一日	愛媛県教委、勤務の昇給・昇格実施方針決定	126
一九五八年		
一月二二日	福岡県教育委員会、勤評試案説明会開催	126
五月 七日	五・七一斉休暇闘争	129
一〇日	上原専禄ら四八名の学者文化人による勤評反対声明	130
一九五九年		
二月 九日	民間教育団体連絡協議会（民教連）発足	145
三月二八日	安保阻止国民会議結成	133
一二月二六日	第四回九州教科研大会（若松 〜二七日）	150
一九六〇年		
三月 八日	福岡県勤評闘争収拾（教委・地教委・福教組三者の覚書調印）	134
一〇月一五日	第一回民間教育団体合同研究集会	145
一九六一年		
一月二九日	日教組・日高教第一回合同全国教研	140
四月二七日	文部省、昭和三六年度全国中学生一斉学力調査要綱通達	151
五月二八日	福教組定期大会学テ実施阻止の具体的方針決定（〜三〇日）	151
九月二六日	福岡県下学力調査指定校五六校中実施一九校	153

一〇月二六日	福岡県中学校一斉学力調査は全体の約七三%が完全阻止	153
一九六二年 三月二五日 二九日	福岡板付基地（現福岡空港）一〇万人大集会 第一回福岡県民間教育研究団体合同研究集会（若松　～三〇日）	146 158
一九六三年 六月二六日	第三回中学校全国一斉学力テスト実施	154
一九六四年 七月　四日	福岡県教育研究サークル連絡協議会の運営要綱決定	155
一九六六年 八月　一日 一〇月三一日	歴史教育者協議会第一八回全国大会を福岡市で開催 中央教育審議会（中教審）「期待される人間像」を答申	156 157
二〇〇六年 四月二八日	政府・自民党、教育基本法「改正」案を国会に提出	160

大瀧　一（おおたき・はじめ）　1931年，東京府南多摩郡柚木村（現八王子市）に生まれる。1944年，疎開で福岡県糸島郡一貴山村（現二丈町）に移転。旧制糸島中学校・糸島高等学校を経て，1954年３月，九州大学法学部卒業。1954年４月～1993年３月，福岡市公立学校教員（中学校社会科担当）。歴史教育者協議会の会員。
著書＝『福岡における労農運動の軌跡【戦前編】──平和と民主主義をめざして』（海鳥社，2002年），『社会科（歴史的分野）指導資料』（共著，福岡市教育委員会，1972年），『福岡歴史散歩』（共著，草土文化社，1981年），論稿＝「米騒動をどう教えたか」（部落問題研究所『同和教育運動 ⑷』1974年），「旧早良郡壱岐村の小作争議と水平社運動」（福岡県同和教育運動研究会『同和教育研究』第２輯，1978年）

戦《せん》後《ご》民主《みんしゅ》化《か》と教育運動《きょういくうんどう》
憲法《けんぽう》と教育《きょういく》基本法《きほんほう》が生《う》まれた頃《ころ》

■

2006年11月20日　第１刷発行

■

著者　大瀧　一
発行者　西　俊明
発行所　有限会社海鳥社
〒810-0074 福岡市中央区大手門３丁目６番13号
電話 092(771)0132　FAX 092(771)2546
http://www.kaichosha-f.co.jp
印刷・製本　有限会社九州コンピュータ印刷
ISBN 4-87415-601-0
［定価は表紙カバーに表示］